BABKA

Marcin Jucha

BABKA

Die junge polnische Küche

CHRISTIAN

INHALT

EINLEITUNG

Einen Einblick in die junge polnische Küche wollen wir in diesem Buch mit seinen Rezepten geben – das klingt verheißungsvoll und spannend, oder nicht? Aber wenn es eine junge polnische Küche gibt, wie sieht dann eigentlich die traditionelle aus und was unterscheidet die beiden?

In der Küche eines Landes spiegelt sich immer auch etwas von dessen Kultur wider, von den Menschen an den Kochtöpfen und davon, wie sie leben, feiern und genießen. Und sie ist vor allem auch geprägt von seinen landschaftlichen und klimatischen Gegebenheiten, von dem, was Boden, Wälder und Gewässer anzubieten haben.

In Bezug auf Polen lässt das vermuten: Die Küche des Landes muss unglaublich vielfältig sein, so vielfältig wie die Bevölkerung des Landes, das durch seine Lage zwischen Ost- und Westeuropa im Laufe der Geschichte vielen politischen und kulturellen Strömungen ausgesetzt war. Und so vielfältig wie die verschiedenen geografischen Regionen Polens mit Pommern oder der Masurischen Seenplatte im Norden, den fruchtbaren Böden Schlesiens oder den bergigen Landschaften im Süden.

Werfen wir doch einen Blick darauf, was und wer die polnische Küche geprägt hat und wie sie sich heute von Sterneküche bis zu Food-Märkten präsentiert, bevor wir zum Kochlöffel greifen und uns dem Genuss widmen.

EINE KÜCHE VIELER REGIONEN

Westslawische Volksstämme siedelten sich einst im Gebiet des heutigen Polens vor allem in den fruchtbaren Regionen um die Flüsse herum an. Hier konnten sie Ackerbau treiben und Vieh halten. Der Name Polen leitet sich denn auch von den Polanen ab, die sich zwischen Oder und Weichsel, vor allem um Posen und Gnesen herum, niederließen. Deren Name wiederum geht auf »pole« für Feld zurück.

In der fruchtbaren Region Großpolen rund um Gnesen, der ersten Hauptstadt des polnischen Königreiches, ist man stolz auf das hier prächtig gedeihende Gemüse, vor allem auf den berühmten Spargel. Andere Siedler zog es an die Küste, die zwar kargere Böden hatte, dafür aber reich an Fisch war. So ist viel Fisch, von Fischsuppe über eingelegten Hering bis zu geräuchertem Aal, in der Küche Pommerns zu finden. Ergänzend wurde die Kartoffel hier zu einem wichtigen Teil des Speiseplanes, denn sie gedieh in den Böden optimal. Die Gebiete der Tatra wiederum waren das Revier von Jägern und Viehzüchtern. Daher sind neben Fleisch Milchprodukte traditionelle Nahrungsmittel der Region und noch heute kommt der berühmte Oscypek, ein geräucherter Schafskäse, von hier. Lange Zeit entwickelten sich die einzelnen Gegenden unabhängig voneinander und die so gewachsenen regionalen Unterschiede lassen sich bis heute noch finden. Eine exakte Einteilung dieser kulinarischen Regionen vorzunehmen ist schwierig, doch es sind mindestens zehn an der Zahl, die sich unterscheiden lassen: Podhale, Masowien, Großpolen (Wielkopolska), Schlesien, Podlasie,

Kleinpolen, Kurpie, Kujawien, Ermland-Masuren und die Pommersche Seenplatte. Auch von außen wurde die polnische Küche beeinflusst. Die Ansiedlung von Armeniern im 14. Jahrhundert auf Betreiben der Politik hin sowie jüdische Zuwanderer bereicherten den polnischen Speiseplan ebenso wie die Teilung des Landes, die außerdem zu kulinarischen Einflüssen aus Preußen, Russland und Österreich-Ungarn führte. Doch wenn auch das Land Polen zwischen 1795 und 1914 als eigenständiger Staat von den Landkarten verschwand, lebte es im Herzen seiner Bewohner weiter. Und ein Stück der eigenen Identität findet und bewahrt man immer auch in den Bräuchen und Gerichten. So ging das Wissen um traditionelle Rezepte nicht verloren, sondern wurde eher noch gestärkt. Daran konnten dann selbst später im kommunistischen Polen Misswirtschaft, Rationierungen und die überall aus dem Boden schießenden Milchbars mit ihren spartanischen Angeboten nichts ändern.

TYPISCH POLNISCH

Wenn von typisch polnischer Küche die Rede ist, so denkt wohl fast jeder an Bigos, Borschtsch und Piroggen. Bei allen regionalen Unterschieden sind diese Klassiker heute quer durch die polnische Landschaft zu finden, aber eben auch mit regionalen Variationen.

Bigos, jener bäuerliche Schmortopf, der getrost als polnisches Nationalgericht gelten kann, basiert auf frischem und gesäuertem Weißkraut und Fleisch und/oder Wurst. Bigos hat seinen Weg vermutlich von Litauen aus quer durch Polen gemacht. Je nach Saison und Vorratskammer wird er mit Pilzen, Tomaten, Tomatenmark, Trockenpflaumen, saurer Sahne und unterschiedlichen Fleisch- und Wurstsorten zubereitet. Da hat nicht nur jede Region, sondern auch jede Familie und jedes Restaurant ein eigenes Rezept zu bieten.

Beim **Borschtsch** verhält es sich ähnlich: Die Rote-Bete-Suppe, über deren Urheberschaft sich Russland und die Ukraine streiten, zeigt sich in Polen in vielerlei Abwandlungen. Oft mit Fleischbrühe, manchmal mit Pilzbrühe, meist mit Kartoffeln, manchmal mit Nudeln. Weißkohl darf bei vielen ebenfalls im Borschtsch nicht fehlen. Während man in Russland unvergorene Rote Beten verwendet, setzen polnische Köche und Köchinnen meist auf eingelegte Rüben. Aber eines ist sie definitiv immer, diese Lieblingssuppe der Polen: rot!

Und dann sind da noch die **Piroggen.** So wie die Schwaben die Maultaschen, die Chinesen die Dumplings und die Italiener die Ravioli schätzen, so erfreuen sich die Polen an ihren »Pierogis«. Die gefüllten Teigtaschen kommen mal süß, mal herzhaft daher und eignen sich als Hauptspeise ebenso wie als Dessert oder als schneller Imbiss zwischendurch. Ursprünglich waren die Piroggen als bäuerliches Essen meist mit Kartoffeln und Quark gefüllt, mittlerweile sind auch Hackfleisch, Pilze, Speck und allerlei Gemüse als Füllung beliebt. Piroggen haben es sogar zum unverzichtbaren Bestandteil festlicher Menüs und Büfetts gebracht. Und aktuell haben sie ein ganz neues kulinarisches Publikum gewonnen: Sie stehen im Mittelpunkt der polnischen Streetfood-Szene und erobern auch Deutschland im Sturm.

Diese drei Gerichte können natürlich nur stellvertretend für das stehen, was typisch polnische Küche ausmacht. »Viele Suppen« lässt sich da noch als wichtiges Merkmal hervorheben. »Viele Milchprodukte« und »ausgiebiges, reichhaltiges Frühstück« dürfen sicher ebenfalls nicht fehlen. Ja, leicht ist sie wohl nicht, die traditionelle polnische Küche, eher deftig und üppig. Und so hat auch sie in den vergangenen Jahren den Trend des »light« und »fettarm« über sich ergehen lassen müssen. Doch wie sieht sie heute aus? Wie erlebt die junge Generation »typisch polnisch«?

VON DER TRADITION ZUR MODERNE

Es ist keine Frage: Auch in Polen sind Pizza, Döner, Spaghetti, Hamburger und Sushi längst angekommen und haben sich ihren Platz in der Food-Szene erobert. Wie bei uns herrscht dort ein buntes Nebeneinander, sowohl was Restaurants angeht als auch beim heimischen Speiseplan. Doch so wie bei uns nach wie vor Bratwürste, Rouladen, Zwiebelrostbraten, Maultaschen, Knödel, Grünkohl, Hackepeter oder Sauerkraut die typisch deutsche Küche vertreten, so hat sich auch Polen sein kulinarisches Erbe bewahrt.

Heute lässt sich in Polen ein ähnlicher Trend wie bei uns in Deutschland beobachten: Bewährte Rezepte, wie sie Oma schon kannte, sind wieder in. Doch diese Traditionsliebe geht durchaus Hand in Hand mit dem Bewusstsein, dass sich so manche fettreichen und schweren Rezepte der polnischen Küche anpassen und ernährungsbewusst umsetzen lassen. Regionalität und Saisonalität haben einen ganz neuen Stellenwert gewonnen und man besinnt sich auf die Zeit vor der Machtergreifung der künstlichen Aromen und Konservierungsstoffe. Man will nicht »naturidentisch« kochen, sondern natürlich.

Dabei gehen auch polnische Food-Blogger und YouTuber mit gutem Beispiel voran und präsentieren traditionelle Gerichte in neuen Variationen. Das Bewusstsein der Regionalität hat einen hohen Stellenwert und auch in den Gasthöfen und Restaurants sind regionale Spezialitäten wieder deutlicher im Fokus, als sie es in den vergangenen 20, 30 Jahren waren. Dieser Trend »Back to the roots« wird außerdem zunehmend von touristischen Veranstaltern unterstützt. So lassen sich beispielsweise kulinarische Entdeckungsreisen und organisierte Food-Tours zu gastronomischen Highlights oder bodenständigen Insidern buchen.

Die Regionalität wird dort gepflegt, wo sie gelebt wird, aber wer sich heute in Sachen angesagter moderner Food-Szene in Polen umschauen möchte, der hat es trotzdem relativ einfach: Die Hotspots lassen sich hauptsächlich auf zwei Städte eingrenzen. Egal ob es um Sterneküche geht, um Food-Märkte oder angesagte Szenelokale, der Weg führt vor allem nach Warschau und mittlerweile auch nach Krakau.

STREETFOOD UND FOOD-MÄRKTE – DIE SZENE LEBT UND GENIESST

Bei einem Besuch von Warschau auf einen Bummel durch die Hala Koszyki zu verzichten ist schon fast ein kulinarischer Frevel. In der restaurierten alten Markthalle locken zwischen hippen kleinen Läden mehr als 18 Restaurants und Bars mit verschiedensten kulinarischen Angeboten. Internationales Schlemmen ist angesagt, aber ebenso moderne polnische Küche.

Wer Food-Märkte liebt, sollte sich den Targ Sniadaniowy nicht entgehen lassen. Jedes Wochenende verwöhnen sowohl polnische als auch äthiopische, koreanische und viele andere internationale Anbieter die Besucher. Es herrscht eine Art Picknickatmosphäre auf diesem Markt, der an wechselnden Standorten in Warschau stattfindet. Vor allem tagsüber kommen Jung und Alt, Hipster und Geschäftsleute hierher. Man kommt leicht ins Gespräch miteinander, wenn einem danach ist, oder man hält ganz einfach entspannt die Nase in die Sonne und lässt es Leib und Seele gut gehen. Am Abend schlägt die Stunde des Nocny Market mitten im Herzen Warschaus, ganz in der Nähe des Bahnhofs. Hier ist die Szene unter sich und feiert in lockerer Atmosphäre ein Multikulti-Streetfood-Festival. Aber auch hier gibt es lange Schlangen vor den Food-Trucks, die polnische Spezialitäten anbieten. Immer ganz vorne mit dabei

sind Piroggen, DAS polnische Fastfood schlechthin. Die gefüllten Teigtaschen sind wohl das beste Beispiel für den kulinarischen Siegeszug der traditionellen polnischen Küche in die Streetfood-Generation hinein. Ähnlich locker geht es im Krakauer Bezogródek Food Truck Park zu: Chillen bei Musik, Gesprächen und dem Genuss von Burgern, Baguettes, Striezeln und Piroggen. Auch die auf polnischen Streetfood-Märkten so beliebten Ofenkartoffeln mit unterschiedlichsten Füllungen kann man hier finden.

DIE POLNISCHE KÜCHE GREIFT NACH DEN STERNEN

Als das Warschauer Restaurant Atelier Amaro vom Guide Michelin 2013 mit einem Stern ausgezeichnet wurde, war es die erste Ehrung dieser Art für ein polnisches Restaurant und damit ein Meilenstein für die polnische Gastronomie. Küchenchef Wojciech Modest Amaro bewies und beweist noch immer, dass auch in der hohen Kunst der Kulinarik polnische Produkte und traditionelle polnische Rezepte überzeugen können. Das Amaro setzt bei der Menügestaltung mit mehreren Gängen (hier »moments« genannt) auf polnische Kräuter und Gewürze und auf heimische Hausmannskost in modernem Design.

Doch das Amaro ist keine einsame Sternschnuppe am polnischen Kochkunst-Himmel: Das Restaurant Senses, ebenfalls in Warschau gelegen, wurde 2016 auch erstmals mit einem Stern geschmückt. Bottiglieria 1881 in

Krakau zog Mitte 2020 nach. Dass Anfang 2021 dann die Zahl der Sterne über Polen wieder auf zwei sank, ist den Auswirkungen der Corona-Pandemie geschuldet: Das Senses musste schließen und hofft auf eine Rückkehr in altem Glanz. Neben den beiden Sternerestaurants führt der Guide Michelin aber noch weitere Restaurants als erstklassige Empfehlungen auf. 37 sind es mittlerweile und alle sind sie entweder in Warschau oder in Krakau zu finden.

EIN STÜCKCHEN KULINARISCHES POLEN IN BERLIN

Wer sich auf polnische Art kulinarisch verwöhnen lassen möchte, muss sich nicht unbedingt auf den Weg nach Polen machen – wenngleich das natürlich unbedingt zu empfehlen ist. Auch in Deutschland haben es sich viele Köche zur Herzenssache gemacht, die Werbetrommel für die polnische Küche zu rühren.

Zum Hotspot hat sich dabei Berlin entwickelt, wo neben Restaurants vor allem Streetfood-Imbisse bei der jungen Kulinarikszene hoch im Kurs stehen. Berlin ist eine multikulturelle Metropole und die Gruppe der Polen und polnischstämmigen Deutschen ist sehr groß und wächst. Über 100.000 Menschen mit polnischem Hintergrund leben hier mittlerweile, sodass Berlin nicht zu Unrecht von vielen liebevoll als westlichste Stadt Polens bezeichnet wird. Piroggen und Bigos haben ihren Platz im kulinarischen Angebot der Bundeshauptstadt erobert, wozu nicht zuletzt innovative Konzepte wie die des Restaurants Breslau im Prenzlauer Berg, des Lebensmittelladens und Cafés Mały Książę in Kreuzberg, des Imbisses Tak Tak in Berlin-Mitte und des Caterers Filafood im Prenzlauer Berg beigetragen haben.

UND JETZT SIND SIE DRAN

So haben Sie nun also die Wahl, wie Sie die heutige polnische Küche kennenlernen wollen: Vielleicht wählen Sie die Reise direkt ins Herkunftsland und besuchen Food-Märkte, Milchbars und Restaurants in Warschau, Krakau oder irgendwo auf dem Land. Alternativ steht ein Bummel durch Berlin oder ein suchender Blick ins örtliche Restaurantverzeichnis zur Auswahl. Oder aber Sie lassen sich von einem polnischen Koch- und Genussexperten ganz persönlich in die großen und kleinen Geheimnisse und Rezepte seiner Heimatküche einweihen. Dazu brauchen Sie jetzt nur weiterblättern!

FÜR DEN VORRAT

Selbst gemachter Rote-Bete-Saft ist nicht nur ideal für Borschtsch, sondern hat auch viele gesundheitsfördernde Eigenschaften: Er reguliert den Stoffwechsel, entschlackt und entsäuert den Körper, steigert die Abwehrkräfte und die Kondition. Und liefert noch dazu viele Vitamine und Eisen.

KISZONE BURAKI

Rote-Bete-Saft

Zeit: 30 Minuten + Fermentationszeit 7 Tage

Schwierigkeit: einfach

Typ: vegetarisch

Für etwa 1,5 l

2 EL Salz

2,5 kg Rote Beten

6 Knoblauchzehen

4 Lorbeerblätter

1 TL getrocknete schwarze Pfefferkörner

1 TL Pimentkörner

AUSSERDEM

1 sauberes Schraubglas (4 l), sterilisiert (ausgekocht)

Flaschen zum Abfüllen, sterilisiert (ausgekocht)

1,5 l Wasser aufkochen und mit dem Salz verrühren, bis es sich aufgelöst hat. Das Salzwasser anschließend abkühlen lassen.

Die Roten Beten waschen, die Enden abschneiden und die Knollen dünn abschälen. Dann in dicke Scheiben oder kleinere Stücke schneiden und in das Glas geben. Den Knoblauch abziehen und zusammen mit den Lorbeerblättern, den Pfefferkörnern und dem Piment zu den Roten Beten in das Glas geben. Die Zutaten mit dem vorbereiteten Salzwasser vollständig bedecken. Bei Bedarf die Gemüsestücke mit einem Holzlöffel etwas enger zusammenschieben.

Das Glas fest verschließen und die Rote Beten, vor Sonnenlicht geschützt, bei Raumtemperatur 3 Tage ziehen lassen. Dann das Glas öffnen und den Schaum, der sich gebildet hat, abschöpfen. Die Roten Beten verschlossen weitere 4 Tage ruhen lassen.

Nach der Ziehzeit den Saft durch ein Passiertuch (z. B. Nussmilchbeutel, Käsetuch) abseihen, und in Flaschen abfüllen.

Zum Servieren den Saft im Verhältnis 1:1 mit Wasser verdünnen. Im Kühlschrank aufbewahrt ist der Saft etwa 3 Wochen haltbar.

Ein Glas mit Essiggurken findet sich in fast jedem polnischen Vorratskeller. Es gibt verschiedenste Möglichkeiten, solche eingelegten Gurken zu genießen. Pur dienen sie als Snack, sie eignen sich aber auch für Gemüsesalat und als Belag von Sandwiches. Zudem bilden sie die Basis der Essiggurkensuppe auf Seite 38.

OGÓRKI KISZONE Z CHILLI

Essiggurken mit Chili

Zeit: 20 Minuten
+ Fermentationszeit mind. 7 Tage

Schwierigkeit: einfach

Typ: vegetarisch

Für 4 Gläser (à etwa 1 l)

2 EL Stein- oder Meersalz
2 kg Einlegegurken
1 mittelgroße Meerrettichwurzel
4 kleine Chilischoten
12 Knoblauchzehen
4 Stängel Dill
4 Lorbeerblätter
einige getrocknete schwarze Pfefferkörner
einige Pimentkörner

AUSSERDEM

4 große saubere Einmachgläser mit Deckel (à 1 l), sterilisiert (ausgekocht)

2 l Wasser aufkochen und mit dem Salz verrühren, bis es sich aufgelöst hat. Das Salzwasser anschließend etwas abkühlen lassen.

Die Gurken unter fließendem Wasser gründlich waschen. Den Meerrettich schälen und in kleine Stücke schneiden. Die Chilischoten waschen, putzen, entkernen und grob zerteilen. Den Knoblauch abziehen. Den Dill waschen und trockenschütteln.

Die Gurken, den Dill, den Knoblauch, den Meerrettich und die Lorbeerblätter gleichmäßig auf die Gläser verteilen. Die Pfeffer- und Pimentkörner hinzufügen und alle Zutaten mit dem vorbereiteten Salzwasser vollständig bedecken. Die Gläser fest verschließen und die Gurken kühl oder dunkel bei Raumtemperatur mindestens 7 Tage ziehen lassen. Idealerweise sollten sie jedoch 3–4 Wochen fermentieren.

Im Kühlschrank aufbewahrt sind die sauren Gurken etwa 2–3 Monate haltbar.

Zur Herstellung von Sauerkraut wird Weißkohl fein gehobelt und zum Fermentieren in Steingutgefäße oder Holzfässer eingelegt. Man kann aber auch ganze Kohlkopfblätter einlegen und diese später zu gefüllten Kohlrouladen verarbeiten. Sauerkraut kann sowohl roh als auch gekocht verzehrt werden.

KAPUSTA KISZONA
Sauerkraut

Zeit: 2 Stunden + Fermentationszeit mind. 5–6 Tage

Schwierigkeit: mittel

Typ: vegetarisch

Für 4 Gläser (à etwa 1 l)

- *1 mittelgroßer Kopf Weißkohl (ca. 2 kg)*
- *4 mittelgroße Karotten*
- *2 TL Kümmelsamen*
- *1 TL nicht jodiertes Salz (z. B. Steinsalz)*
- *4 TL Zucker*

AUSSERDEM

- *saubere Einmachgläser mit Gummibändern und Glasdeckeln (Kohlsaft lässt Metalldeckel rosten), alles sterilisiert (ausgekocht)*
- *1 Kunststoffeimer mit Deckel, sterilisiert (ausgekocht)*
- *1 Holzstößel, sterilisiert (ausgekocht)*

Den Kohl waschen und welke, äußere Blätter entfernen. Die Karotten waschen und schälen. Den Kohl und die Karotten grob raspeln oder in sehr feine Streifen schneiden. Das Gemüse mit dem Kümmel, dem Salz und dem Zucker in einer großen Schüssel mischen. Die Zutaten mit den Händen kneten, bis viel Flüssigkeit austritt und das Gemüse weich wird.

Die Mischung anschließend schichtweise in den Kunststoffeimer geben und jede Schicht mit dem Holzstößel festdrücken. Den Eimer verschließen und den Kohl bei Raumtemperatur 5–6 Tage fermentieren lassen. Den Kohl täglich mit dem Holzstößel bearbeiten, damit sich die austretende Flüssigkeit gleichmäßig verteilt.

Nach der Ziehzeit das Sauerkraut in die Einmachgläser füllen und fest verschließen.

An einem dunklen, kühlen Ort aufbewahrt ist das Sauerkraut etwa 6 Monate haltbar.

Wrocław
GET IN BANK

SUPPEN

Borschtsch ist eine vor allem in Mittel- und Osteuropa beliebte Suppe und kann mit Fleisch- oder Pilzbrühe zubereitet werden. Nie fehlen dürfen natürlich rohe oder eingelegte Rote Beten. Mit Salzkartoffeln als Beilage ist Borschtsch ein beliebtes Hauptgericht. Mit Uszka z grzybami als Suppeneinlage (siehe Seite 126) wird er dagegen am Heiligen Abend oft als Vorspeise serviert.

BARSZCZ Z KISZONYCH BURAKÓW

Klarer Borschtsch mit eingelegten Roten Beten

Zeit: 40 Minuten
Schwierigkeit: einfach
Typ: vegetarisch (sofern Gemüsebrühe verwendet)

Für 4 Personen

2–3 Knoblauchzehen
1,5 l Gemüsebrühe (alternativ: Fleischbrühe)
1 kg eingelegte Rote Beten mit dem Saft.
½ TL Pimentkörner
frisch gemahlener schwarzer Pfeffer
2–3 TL getrockneter Majoran
Salz
Zucker

Den Knoblauch abziehen. Die Brühe aufkochen. Die Temperatur dann stark reduzieren und die Roten Beten zusammen mit dem Einlegwasser, dem Knoblauch und den Pimentkörnern zufügen. Alles mit etwas Pfeffer würzen.

Die Suppe bei niedriger Temperatur etwa 1 Stunde köcheln lassen. Anschließend mit Majoran, Salz, Zucker und Pfeffer abschmecken. Den Topf vom Herd nehmen und die Suppe bei aufgesetztem Deckel mindestens 30 Minuten ruhen lassen. Danach noch einmal mit den Gewürzen abschmecken.

Den Borschtsch durch ein Sieb passieren und am besten erst am nächsten Tag servieren. Zum Anrichten den Borschtsch langsam erhitzen, aber nicht kochen, und auf Teller oder Gläser verteilen.

CHŁODNIK

Kalter Borschtsch mit jungen Rote-Bete-Blättern

Zeit: 30 Minuten
Schwierigkeit: einfach
Typ: vegetarisch

Für 4 Personen

4–5 mittelgroße Knollen Rote Bete mit zartem Grün
1 l Gemüsebrühe
2 TL Zitronensaft
1 TL Wein- oder Reisessig
Salz
frisch gemahlener schwarzer Pfeffer
400 ml Kefir

ZUM ANRICHTEN

2 Eier, hart gekocht und in Hälften geschnitten
¼ Salatgurke, in dünne Scheiben geschnitten
4 Radieschen, in dünne Scheiben geschnitten
frische Dillspitzen

Die Roten Beten waschen und vom Grün befreien. Die Knollen schälen und in kleine Würfel schneiden. Das Grün fein hacken.

Die Brühe aufkochen. Die Roten Beten zufügen, die Temperatur reduzieren und die Suppe 5–7 Minuten kochen. Anschließend das Grün zugeben und alles etwa 3 Minuten weiterköcheln lassen. Den Zitronensaft und den Essig zufügen. Etwa 1 Minute mitköcheln, dann die Suppe mit Salz und Pfeffer würzen. Anschließend abkühlen lassen.

Den Kefir in die abgekühlte Suppe rühren und diese kalt stellen.

Zum Anrichten die Suppe auf Teller verteilen und mit den Eiern, den Gurken- und den Radieschenscheiben garnieren. Mit etwas Dill bestreut servieren.

ZUPA POMIDOROWA Z MOZZARELLĄ
Tomatensuppe mit Mozzarella

Zeit: 30 Minuten
Schwierigkeit: einfach
Typ: vegetarisch

Für 4 Personen

1 Zwiebel
2 Knoblauchzehen
2 EL Pflanzenöl (z. B. Sonnenblumenöl)
1 EL Tomatenmark
1 EL getrocknetes Basilikum
850 g fein passierte Tomaten aus dem Glas
400 ml Gemüsebrühe
Salz
frisch gemahlener schwarzer Pfeffer
1 Prise Zucker

ZUM ANRICHTEN

1 kleines, frisches Baguette plus 3 EL Pflanzenöl (z. B. Sonnenblumenöl)
200 g Mini-Mozzarella-Kugeln
1 kleine Handvoll Walnusskerne, fein gehackt
frische Basilikumblätter

Die Zwiebel und den Knoblauch abziehen. Beides fein hacken. Das Öl in einem Topf erhitzen und die Zwiebel darin anschwitzen. Dann den Knoblauch, das Tomatenmark und das getrocknete Basilikum zufügen und unter Rühren 1 Minute anrösten. Anschließend die passierten Tomaten und die Gemüsebrühe angießen. Die Suppe aufkochen und 5 Minuten köcheln lassen. Danach mit Salz, Pfeffer und dem Zucker abschmecken. Zuletzt mit dem Stabmixer cremig pürieren.

Zum Anrichten das Baguette in dünne Scheiben schneiden und im Öl auf beiden Seiten anrösten.

Die Suppe auf Teller verteilen und jeweils etwas Mozzarella darauf platzieren. Mit den Walnusskernen und den Basilikumblättern bestreut servieren.

KREM Z GROSZKU
Grüne Erbsencreme-Suppe

Zeit: 15 Minuten
Schwierigkeit: einfach
Typ: vegetarisch

Für 4 Personen

1 Zwiebel
2 Knoblauchzehen
2 EL Olivenöl
400 g frische oder aufgetaute TK-Erbsen
0,5 l Gemüsebrühe
3 EL Zitronensaft
Salz
frisch gemahlener schwarzer Pfeffer

ZUM ANRICHTEN

2 Scheiben frisches Weißbrot plus 3 EL Olivenöl (alternativ: 1 Handvoll Backerbsen)
4 EL süße Sahne
frische Minzblätter

Die Zwiebel und den Knoblauch abziehen. Beides fein hacken. Das Öl in einem Topf erhitzen und die Zwiebel darin anschwitzen. Dann den Knoblauch zufügen und 3–4 Minuten bei niedriger Temperatur mit anschwitzen.

Die Erbsen zugeben und die Gemüsebrühe angießen. Alles bei aufgesetztem Deckel aufkochen und 10 Minuten bei niedriger Temperatur köcheln lassen. Anschließend den Zitronensaft unterrühren und die Suppe mit Salz und Pfeffer würzen. Zuletzt mit dem Stabmixer glatt pürieren.

Zum Anrichten das Brot von der Rinde befreien, in Würfel schneiden und im Olivenöl rundherum anrösten.

Die Suppe auf Teller verteilen. Jeweils 1 EL Sahne spiralförmig daraufgießen. Mit einigen Minzblättern und den Brotwürfeln bestreut servieren.

ZUPA OGÓRKOWA
Essiggurkensuppe

Zeit: 40 Minuten
Schwierigkeit: einfach
Typ: vegetarisch (sofern Gemüsebrühe verwendet)

Für 4 Personen

1,5 l Gemüsebrühe (alternativ: Geflügelbrühe)
1 kleine Zwiebel
1 Karotte
3 mittelgroße vorwiegend festkochende Kartoffeln (ca. 300 g)
1 EL Olivenöl
4 mittelgroße Essiggurken mit 120 ml Einlegwasser
100 g süße Sahne
1 EL Butter

ZUM ANRICHTEN

2 Scheiben frisches Weißbrot plus 3 EL Olivenöl
3 EL gehackter Dill

Die Brühe erhitzen. In der Zwischenzeit die Zwiebel abziehen und fein hacken. Die Karotte und die Kartoffeln waschen, schälen und getrennt voneinander in kleine Würfel schneiden.

Das Öl in einem Topf erhitzen und die Zwiebel darin anschwitzen. Dann die Karotte zufügen und unter Rühren etwa 3 Minuten anbraten. Anschließend die Brühe langsam angießen und aufkochen. Die Temperatur reduzieren und die Brühe bei aufgesetztem Deckel etwa 5 Minuten köcheln lassen. Danach die Kartoffelwürfel zufügen und weitere 10 Minuten mitkochen.

Die Essiggurken grob raspeln und zusammen mit dem Einlegwasser zur Suppe geben. Erneut alles 10 Minuten köcheln lassen. Anschließend den Topf vom Herd nehmen.

Die Sahne und die Butter in eine Schüssel geben und mit 2 EL der Suppe vermengen. Nach und nach weitere 4 EL der Suppe zugeben. Die Mischung anschließend unter die Suppe im Topf rühren.

Zum Anrichten das Brot von der Rinde befreien, in Würfel schneiden und im Olivenöl rundherum anrösten.

Die Suppe auf Teller verteilen. Mit dem Dill und den Brotwürfeln bestreut servieren.

»FLACZKI« Z BOCZNIAKA

Klare Gemüsesuppe mit Austernpilz-»Kutteln«

Zeit: 40 Minuten
Schwierigkeit: einfach
Typ: vegetarisch

Für 4 Personen

500 g frische Austernpilze
1 kleine Petersilienwurzel
1 kleine Karotte
¼ Stange Staudensellerie
1 Zwiebel
Rapsöl zum Anschwitzen
2 Lorbeerblätter
3 Pimentkörner
½ TL Ingwerpulver
¼ TL frisch geriebene Muskatnuss
Salz
1 TL getrockneter Majoran
½ TL getrockneter Liebstöckel
frisch gemahlener schwarzer oder weißer Pfeffer

ZUM ANRICHTEN

frisches Brot

Die Pilze putzen, trocken abreiben und in Streifen schneiden. Die Petersilienwurzel sowie die Karotte waschen und schälen. Den Sellerie ebenfalls waschen und entfädeln. Das Wurzelgemüse und den Sellerie in Würfel schneiden. Die Zwiebel abziehen und fein hacken.

Etwas Öl in einem Topf erhitzen und das Gemüse, die Pilze, die Lorbeerblätter und den Piment darin bei niedriger Temperatur 15 Minuten anschwitzen. Anschließend alles mit 1 TL Salz, dem Ingwerpulver, der geriebenen Muskatnuss, dem Majoran und dem Liebstöckel würzen. 2 l Wasser angießen und die Suppe bei aufgesetztem Deckel 15–20 Minuten köcheln lassen, bis das Gemüse weich ist. Mit Salz und Pfeffer abschmecken.

Zum Anrichten die Suppe auf Teller verteilen und heiß servieren. Dazu das Brot reichen.

SNACKS & SALATE

SURÓWKA Z CYKORII I POMARAŃCZY
Chicoréesalat mit Orangen

Zeit: 15 Minuten
Schwierigkeit: einfach
Typ: vegetarisch

Für 2 Personen

FÜR DEN SALAT
2 EL Rosinen
125 ml Orangensaft
2 Kolben Chicorée
2 Orangen

FÜR DAS DRESSING
3 EL Mayonnaise
1 EL körniger Senf
1 EL Zitronensaft
Salz
frisch gemahlener schwarzer Pfeffer

Für den Salat zunächst die Rosinen im Orangensaft einweichen. Inzwischen die Chicoréekolben halbieren, vom Strunk befreien, in Streifen schneiden, waschen und trockenschleudern. Die Orangen schälen, von der weißen Haut befreien, filetieren und in mundgerechte Stücke schneiden. Die Chicoréestreifen und die Orangenstücke in einer Schüssel mischen. Die Rosinen abgießen, abtropfen lassen und untermengen.

Für das Dressing die Mayonnaise mit dem Senf und dem Zitronensaft verrühren und mit Salz und Pfeffer abschmecken.

Zum Anrichten den Salat auf Teller geben und das Dressing darauf verteilen. Dazu passt Knäckebrot.

SURÓWKA Z KAPUSTY PEKIŃSKIEJ I JABŁEK

Apfel-Chinakohl-Salat

Zeit: 20 Minuten

Schwierigkeit: einfach

Typ: vegetarisch

Für 2 Personen

FÜR DAS DRESSING

2 EL Naturjoghurt

1 EL süße Sahne (30 % Fett)

1 TL Olivenöl

1 ½ TL Zitronensaft

½ TL Salz

½ TL frisch gemahlener schwarzer Pfeffer

¾ TL Zucker

FÜR DEN SALAT

½ Kopf Chinakohl

1 große Handvoll frische Petersilie

1 mittelgroßer Apfel

1 Karotte

Die Zutaten für das Dressing vermengen und glattrühren.

Für den Salat den Chinakohl waschen, vom Strunk befreien, in feine Streifen schneiden und in eine Schüssel geben. Die Petersilie waschen, trockenschütteln und zerkleinern. Anschließend zum Kohl in die Schüssel geben. Den Apfel und die Karotte waschen und schälen. Den Apfel vierteln und das Kerngehäuse entfernen. Die Viertel und die Karotte grob raspeln und ebenfalls zufügen.

Die Salatzutaten in der Schüssel gut vermengen. Zuletzt das Dressing zugeben und gründlich untermischen.

Zum Anrichten den Salat auf Salatschüsseln verteilen und sofort servieren.

Dieses einfache Rezept ist charakteristisch für die Region Großpolen, wo viel Kartoffelanbau betrieben wird. Die Ofenkartoffeln gelten als Fastenessen – schmecken tun sie aber immer.

PYRY Z GZIKIEM

Ofenkartoffeln mit würzigem Hüttenkäse

Zeit: 15 Minuten
Schwierigkeit: einfach
Typ: vegetarisch

Für 2–4 Personen

FÜR DIE OFENKARTOFFELN

2 große, vorwiegend festkochende Bio-Kartoffeln (à ca. 200 g)
2 EL Sonnenblumenöl

FÜR DEN GZIK

250 g Hüttenkäse
100–120 g saure Sahne oder Naturjoghurt
½ Bund Schnittlauch plus etwas mehr zum Anrichten
weitere Zutaten wie gehackter Knoblauch, klein geschnittene Radieschen, hart gekochtes Ei usw. (optional)
Salz
frisch gemahlener schwarzer Pfeffer

ZUM ANRICHTEN (OPTIONAL)

Radieschen, klein geschnitten
frische Dillspitzen

Für die Ofenkartoffeln den Backofen auf 200 °C Ober-/Unterhitze vorheizen und ein Backblech mit Backpapier auslegen. Die Kartoffeln gründlich waschen und trocken abreiben. Auf dem Blech verteilen und rundum mit dem Öl bestreichen.

Die Kartoffeln im vorgeheizten Backofen auf dem mittleren Einschub etwa 50–60 Minuten backen. Anschließend aus dem Ofen nehmen, ausdampfen lassen und längs halbieren.

Für den Gzik den Hüttenkäse mit einer Gabel zerdrücken. Nach und nach die saure Sahne untermengen, bis eine cremige, aber feste Konsistenz entsteht. Den Schnittlauch waschen, trockenschütteln und in feine Röllchen schneiden. Den Schnittlauch unter den Hüttenkäse mengen. Optional weitere Zutaten untermengen und mit Salz und Pfeffer abschmecken.

Zum Anrichten die Kartoffelhälften auf Teller geben und den Gzik darauf verteilen. Mit dem Schnittlauch sowie optional mit Radieschen und Dill bestreuen und servieren.

FASOLA SZPARAGOWAZ ORZECHAMI WŁOSKIMI

Grüne Bohnen mit Walnüssen und Feta

Zeit: 20 Minuten
Schwierigkeit: einfach
Typ: vegetarisch

Für 2 Personen

Salz
250 g grüne Bohnen
1–2 EL Walnusskerne
1 große Knoblauchzehe
1 EL Olivenöl
frisch gemahlener schwarzer Pfeffer
50 g Feta

Reichlich Wasser in einem Topf aufkochen und salzen. Inzwischen die Bohnen waschen und die Enden abschneiden. Die Bohnen im Salzwasser in 10–15 Minuten bissfest garen. Anschließend abgießen, abtropfen und etwas abkühlen lassen.

Die Walnusskerne fein hacken und in einer Pfanne ohne Fettzugabe leicht anrösten. Den Knoblauch abziehen und fein hacken. Das Olivenöl in einer Pfanne erhitzen und den Knoblauch darin 1 Minute anschwitzen. Dann die Bohnen und die Nüsse zufügen.

Alles vermengen und zuletzt mit Salz und Pfeffer würzen. Etwa 5 Minuten leicht erhitzen.

Den Feta mit einer Gabel krümelig zerdrücken. Die Bohnen-Walnuss-Mischung auf Teller verteilen und mit dem Feta bestreut servieren.

SAŁATKA Z RUKOLI, GRUSZKI I KOZIEGO SERA

Rucola mit Birne und Käse

Zeit: 20 Minuten
Schwierigkeit: einfach
Typ: vegetarisch

Für 2 Personen

FÜR DAS DRESSING

1 kleine Knoblauchzehe
1 Prise Meersalz
1 EL flüssiger Honig
1 EL Zitronensaft oder Weißweinessig
frisch gemahlener schwarzer Pfeffer
4 EL Olivenöl

FÜR DEN SALAT

80 g Ziegenkäse oder Blauschimmelkäse (z. B. Stilton, Roquefort, Gorgonzola)
1 ½ reife saftige Birnen
2 EL Zitronensaft
4 EL Pistazienkerne
2 Handvoll Rucola

ZUM ANRICHTEN

Salz
frisch gemahlener schwarzer Pfeffer

Für das Dressing den Knoblauch abziehen und sehr fein hacken. In einer Schüssel mit dem Salz, dem Honig und dem Zitronensaft vermischen. Alles mit Pfeffer würzen und das Olivenöl unterrühren.

Für den Salat den Käse mit einer Gabel krümelig hacken. Die Hälfte des Käses zum Dressing geben und untermengen. Die Birnen waschen, vom Kerngehäuse befreien und in dünne Scheiben schneiden. Diese mit dem Zitronensaft beträufeln. Die Pistazienkerne in einer Pfanne ohne Fettzugabe goldbraun anrösten. Den Rucola waschen und trockenschütteln.

Zum Anrichten die Birnenscheiben am Rand von zwei Tellern verteilen. Den Rucola mittig in die Teller setzen und mit etwas Salz und Pfeffer würzen. Den übrigen Käse und die Pistazien darüberstreuen. Zuletzt das Dressing über dem Salat verteilen.

Den Salat sofort servieren. Dazu passt frisches Baguette.

CARPACCIO Z BURAKA I RZODKIEWKI

Carpaccio von Rote Bete und Radieschen

Zeit: 15 Minuten
+ Backzeit 90 Minuten

Schwierigkeit: einfach

Typ: vegetarisch

Für 3–4 Personen

FÜR DAS CARPACCIO

2 mittelgroße Knollen Rote Bete
4 Radieschen
1 Handvoll Rucola
1 Handvoll Walnusskerne
50–80 g Käse (z. B. Feta oder Ziegenkäse)

FÜR DAS DRESSING

3 EL Lein- oder Rapsöl
1 EL Balsamicoessig
½ TL Himalajasalz
½ TL gemahlener schwarzer Pfeffer

Für das Carpaccio den Backofen auf 200 °C Ober-/Unterhitze vorheizen. Die Roten Beten gründlich waschen und trockenreiben. Die Knollen einzeln in Alufolie wickeln und zusammen auf ein Backblech setzen. Dann im vorgeheizten Ofen auf dem mittleren Einschub 1 ½ Stunden weich backen. Anschließend aus dem Ofen nehmen und die Alufolie entfernen. Die Roten Beten abkühlen lassen und schälen.

Die Radieschen waschen und putzen. Diese und die Roten Beten in hauchdünne Scheiben schneiden oder hobeln. Den Rucola waschen und trockenschütteln. Die Walnusskerne fein hacken. Den Käse mit einer Gabel krümelig zerdrücken.

Für das Dressing das Öl mit dem Essig, dem Salz und dem Pfeffer verrühren.

Zum Anrichten zunächst die Rote-Bete-Scheiben kreisförmig auf Teller verteilen, dann darauf die Radieschenscheiben platzieren. Alles mit dem Salz, dem Rucola, den Walnusskernen und dem Käse bestreuen. Zuletzt das Dressing darüber verteilen und das Carpaccio servieren.

TARTALETKI Z PASTĄ ŁOSOSIOWĄ

Lachscreme-Törtchen

Zeit: 90 Minuten
Schwierigkeit: mittel
Typ: Fisch

Für 7–9 Stück

FÜR DEN TEIG

(alternativ: fertig gekaufte Mürbeteig-Tartelettes)
150 g Weizenmehl Type 405 plus etwas mehr zum Arbeiten
¼ TL Salz
1 TL Puderzucker
65 g Butter plus etwas mehr für die Form
1 Eigelb
1 EL süße Sahne
Hülsenfrüchte zum Blindbacken

FÜR DIE FÜLLUNG

200 g Räucherlachs plus einige dünne Scheiben zum Garnieren
20 g Frischkäse
30 g fein geriebener Parmesan
1 TL Zitronensaft
frisch gemahlener schwarzer Pfeffer

ZUM ANRICHTEN

7–9 Kapernäpfel mit Stiel

Den Backofen auf 180 °C Ober-/Unterhitze vorheizen.

Für den Teig das Mehl sieben und mit dem Salz und dem Puderzucker vermengen. Die Butter, das Eigelb und die Sahne zufügen und alles zu einem glatten Teig verkneten. Diesen auf einer leicht bemehlten Arbeitsfläche etwa 4 mm dünn ausrollen. Hieraus Kreise ausstechen, die etwa 2 cm größer sind als Tarteletteförmchen. Die Förmchen einfetten. Die Teigkreise hineinlegen und leicht andrücken. Die Teigböden mit einer Gabel mehrfach einstechen. Mit Backpapierzuschnitten bedecken und mit Hülsenfrüchten beschweren. Im vorgeheizten Ofen auf dem mittleren Einschub etwa 15 Minuten blindbacken. Anschließend aus dem Ofen nehmen und etwas abkühlen lassen. Dann das Backpapier samt Hülsenfrüchten von den Teigböden entfernen. Die Böden weiter abkühlen lassen und aus den Förmchen lösen.

Für die Füllung den Räucherlachs mit dem Stabmixer zu einer glatten Creme pürieren. Den Frischkäse und den Parmesan unterrühren. Zuletzt alles mit dem Zitronensaft und Pfeffer würzen.

Zum Anrichten die Törtchen mit der Creme füllen, mit zu Röllchen geformten Lachsscheiben und Kapernäpfeln garnieren. Nach Belieben mit Zitronenscheiben- und Zesten einer unbehandelten Zitrone sowie frischen Dillspitzen oder Thymianblättchen belegen und servieren.

MUFFINKI Z PAPRYKĄ I FETĄ
Herzhafte Muffins mit Paprika und Feta

Zeit: 20 Minuten
+ Backzeit 20–25 Minuten

Schwierigkeit: mittel

Typ: vegetarisch

Für 12 Stück

FÜR DIE MUFFINS

1 große rote Paprikaschote
125 g Butter
2 Eier
250 ml Vollmilch
350 g Weizenmehl Type 405
2 TL Backpulver
½ TL Salz
175 g Feta
frisch gemahlener schwarzer Pfeffer

AUSSERDEM

Butter für die Form

Die Paprikaschote waschen, halbieren, von den Trennhäuten befreien und entkernen. Dann die Paprika enthäuten. Dafür den Backofen auf 230 °C Oberhitze vorheizen. Die Paprikahälften auf ein mit Backpapier ausgelegtes Backblech setzen und im vorgeheizten Ofen auf dem oberen Einschub so lange rösten, bis die Haut schwarze Stellen bekommt und Blasen wirft. Aus dem Ofen nehmen und mit einem feuchten Küchentuch bedeckt abkühlen lassen. Anschließend die Haut abziehen und das Fruchtfleisch in kleine Stücke schneiden.

Den Backofen auf 210 °C Ober-/Unterhitze vorheizen. Die Butter schmelzen und etwas abkühlen lassen. Die Eier mit der Milch verquirlen. Das Mehl sieben und mit dem Backpulver und dem Salz vermengen. Den Feta mit einer Gabel krümelig zerdrücken. Dann zusammen mit den Paprikastücken zum Mehl geben. In der Mitte der Mischung eine Mulde bilden und die Butter sowie das Ei-Milch-Gemisch hineingeben. Etwas Pfeffer zufügen und alles mit einem Holzlöffel zügig zu einem Teig verarbeiten.

Die Mulden eines Muffinblechs einfetten und jeweils zu drei Viertel mit Teig befüllen. Die Muffins im vorgeheizten Ofen auf dem mittleren Einschub 20–25 Minuten backen. Anschließend aus dem Ofen nehmen und in der Form etwa 5 Minuten abkühlen lassen.

Die abgekühlten Muffins aus der Form lösen, vollständig erkalten lassen und servieren.

PESTO Z BURAKÓW

Rote-Bete-Pesto

Zeit: 15 Minuten
+ Backzeit 1 Stunde

Schwierigkeit: einfach

Typ: vegetarisch

Für 2–4 Personen

3 kleine Knollen Rote Bete
3 EL Pinienkerne
1 Knoblauchzehe
3 EL Olivenöl
3 EL grob geriebener Parmesan
Salz
frisch gemahlener schwarzer Pfeffer

ZUM ANRICHTEN (OPTIONAL)

Cracker
Sonnenblumenkerne
Parmesanspäne
1–2 Stängel Petersilie, Blätter abgezupft

Den Backofen auf 200 °C Ober-/Unterhitze vorheizen. Die Roten Beten gründlich waschen und trockenreiben. Die Knollen einzeln in Alufolie wickeln und zusammen auf ein Backblech setzen. Dann im vorgeheizten Ofen auf dem mittleren Einschub 1 ½ Stunden weich backen. Anschließend aus dem Ofen nehmen und abkühlen lassen.

Die Pinienkerne in einer Pfanne ohne Fettzugabe hellgold anrösten. Die Roten Beten aus der Folie nehmen, schälen und in kleine Stücke schneiden. Den Knoblauch abziehen.

Die Roten Beten, die Pinienkerne, den Knoblauch, das Olivenöl und den Parmesan in einen Rührbecher geben und mit dem Stabmixer glatt pürieren. Zuletzt alles kräftig mit Salz und Pfeffer würzen.

Zum Anrichten das Pesto optional auf Cracker streichen, mit Sonnenblumenkernen, Parmesanspänen sowie Petersilie garnieren und als Snack servieren.

WEGAŃSKI PASZTET

Vegane Champignonpastete

Zeit: 30 Minuten
Schwierigkeit: leicht
Typ: vegetarisch

Für 8–10 Personen

120 g Sonnenblumenkerne
4 Schalotten
2 Knoblauchzehen
2 Zweige Thymian
300 g braune Champignons
4 Trockenpflaumen
1 EL Olivenöl
1 Prise Salz
frisch gemahlener schwarzer Pfeffer
1 EL Sojasauce
2 TL Tomatenmark
½ TL edelsüßes Paprikapulver
1 EL Balsamicoessig

ZUM ANRICHTEN

frisches Brot
1–2 Stängel Petersilie, Blätter abgezupft

AUSSERDEM

2 saubere Schraubgläser (à 250 ml), sterilisiert (ausgekocht)

Die Sonnenblumenkerne mit kochendem Wasser übergießen und etwa 15 Minuten einweichen. Anschließend in ein Sieb abgießen und gut abtropfen lassen.

Inzwischen die Schalotten und den Knoblauch abziehen, die Schalotten in Würfel, den Knoblauch in Scheiben schneiden. Den Thymian waschen, trockentupfen und die Blätter abzupfen. Die Champignons putzen, trocken abreiben und in Scheiben schneiden. Die Trockenpflaumen in Würfel schneiden.

Das Olivenöl in einem Topf bei niedriger Temperatur erhitzen und die Schalotten und den Knoblauch darin glasig anschwitzen. Anschließend die Champignons und den Thymian zufügen und goldbraun anbraten. Alles mit Salz und Pfeffer abschmecken. Die Sojasauce und die Sonnenblumenkerne zufügen und die Mischung einige Minuten weiterbraten. Dann zusammen mit dem Tomatenmark, dem Paprikapulver, den Pflaumen und dem Essig mit dem Stabmixer zu einer homogenen Masse verarbeiten.

Die Pastete in die Schraubgläser füllen, verschließen und abkühlen lassen. Sie ist im Kühlschrank etwa 3–4 Tage haltbar. Mit Brot und mit der Petersilie garniert servieren.

Der Bohnenaufstrich dient als vegetarische Version von klassischem Schweineschmalz.

SMALEC Z FASOLI

Bohnenaufstrich

Zeit: 25 Minuten
Schwierigkeit: einfach
Typ: vegetarisch

Für 2–4 Personen

1 kleiner Apfel
1 Zwiebel
3 EL Pflanzenöl
1 große Dose weiße Bohnen (ca. 800 g)
1 Handvoll Sonnenblumenkerne plus etwas mehr zum Anrichten
1 TL Zitronensaft
Salz
frisch gemahlener schwarzer Pfeffer
edelsüßes Paprikapulver

ZUM ANRICHTEN

gehackte Petersilie

Den Apfel schälen, vom Kerngehäuse befreien und in Würfel schneiden. Die Zwiebel abziehen und in dünne Ringe schneiden. 1 EL Öl in einer Pfanne erhitzen und die Zwiebel darin glasig anschwitzen. Dann den Apfel zugeben und mitbraten, bis er weich ist.

Die Sonnenblumenkerne in einer Pfanne ohne Fettzugabe leicht anrösten. Etwas abkühlen lassen. Die Bohnen in ein Sieb abgießen, abspülen und abtropfen lassen. Die Bohnen, die Apfel-Zwiebel-Mischung, die Sonnenblumenkerne, das übrige Öl (2 EL) und den Zitronensaft in einen Rührbecher geben und mit dem Stabmixer grob pürieren, sodass noch feine Stücke erkennbar bleiben. Alles mit Salz, Pfeffer und Paprikapulver abschmecken.

Zum Anrichten den Aufstrich in eine Schüssel geben und mit etwas Paprikapulver bestauben. Mit einigen Sonnenblumenkernen und Petersilie bestreut servieren. Dazu passt geröstetes Brot.

Einfacher geht es nicht. Podpłomyki bestehen nach altslawischer Rezeptur nur aus Mehl, Salz und Wasser. Hefe ist nicht notwendig. Früher wurden sie über dem Feuer auf heißen Steinen gebacken, heutzutage bietet sich die Pfanne an, um sie von beiden Seiten zu backen.

PODPŁOMYKI
Slawisches Fladenbrot

Zeit: 15 Minuten
Schwierigkeit: einfach
Typ: vegetarisch

Für 6–8 Stück

300 g Dinkelmehl Type 630 oder Weizenmehl Type 405
1 EL Rapsöl
1 Prise Salz

Das Mehl in eine Schüssel sieben. 150 ml heißes Wasser zugeben und mit dem Mehl verkneten. Das Öl und das Salz zufügen und alles gründlich zu einem glatten Teig kneten. Diesen abgedeckt 15 Minuten ruhen lassen.

Den Teig anschließend in Stücke schneiden und dünn zu runden Fladenbroten (Ø etwa 15 cm) ausrollen. Die Teigfladen in einer Pfanne ohne Fettzugabe auf beiden Seiten backen, bis sie dunkle Stellen zeigen.

Zum Anrichten die Fladenbrote nach Belieben füllen oder bestreichen. Als Füllung passen beispielsweise Tomatensauce, gegrillte Artischocken, getrocknete Tomaten und Kräuter oder Rucola.

In den 1970er, -80er und -90er Jahren konnte man Zapiekanki, überbackene Baguettes mit reichlich Ketchup, an Imbissbuden in jeder polnischen Fußgängerzone kaufen. Das »National-Fastfood«, ein Überbleibsel aus dem kommunistischen Polen, ist heute beliebter denn je und fester Bestandteil im Repertoire polnischer Streetfood-Märkte.

ZAPIEKANKA

Belegte Baguettes

Zeit: 2 Minuten
+ Backzeit 7 Minuten

Schwierigkeit: einfach

Typ: vegetarisch

Für 2 Personen

400 g Champignons
1 Zwiebel
2 EL Butterschmalz
Salz
frisch gemahlener schwarzer Pfeffer
1 frisches kleines Baguette
150 g geriebener Käse (z. B. Mozzarella oder Gouda)

ZUM ANRICHTEN

Ketchup
frischer Schnittlauch, in Röllchen geschnitten
grobes Salz

Die Champignons putzen, trocken abreiben und fein hacken. Die Zwiebel abziehen und in kleine Würfel schneiden. 1 EL Butterschmalz in einer Pfanne erhitzen und die Zwiebel darin anschwitzen. Die Champignons mit dem restlichen Schmalz (1 EL) zugeben. Alles unter gelegentlichem Rühren 5 Minuten braten. Anschließend mit Salz und Pfeffer würzen.

Den Backofen auf 200 °C Ober-/Unterhitze vorheizen. Ein Backblech mit Backpapier auslegen. Das Baguette längs aufschneiden und die Hälften auf das Blech legen. Die Pilzmasse auf dem Brot verteilen und den Käse darüberstreuen. Die Baguettes im vorgeheizten Ofen auf dem mittleren Einschub etwa 7 Minuten backen, bis der Käse geschmolzen ist.

Zum Anrichten Ketchup in Streifen über die Baguettes geben. Mit Schnittlauchröllchen und grobem Salz bestreut servieren.

FRYTKI Z BATATÓW

Süsskartoffelpommes

Zeit: 30 Minuten
+ Wässern 30 Minuten
+ Backzeit 25 Minuten

Schwierigkeit: einfach

Typ: vegetarisch

Für 4–6 Personen

3 mittelgroße Süßkartoffeln (ca. 850 g)
6 EL Pflanzenöl plus etwas mehr nach Bedarf
2 gestr. EL Speisestärke
1 gestr. TL Knoblauchpulver
1 gestr. TL edelsüßes Paprikapulver
½ gestr. TL frisch gemahlener schwarzer Pfeffer
1 Prise Chilipulver (optional)

ZUM ANRICHTEN

grobes Salz
1 Handvoll gehackte frische Kräuter

Die Süßkartoffeln schälen, waschen, trockentupfen und in etwa 1 cm breite Stifte schneiden. Diese in eine Schüssel mit kaltem Wasser geben und abgießen. Den Vorgang zwei- bis dreimal wiederholen. Dann die Stifte mit eiskaltem Wasser bedecken und 30 Minuten ruhen lassen.

Nach der Ruhezeit den Backofen auf 220 °C Ober-/Unterhitze vorheizen. Die Süßkartoffelstifte abgießen, auf einem Küchentuch ausbreiten und trockentupfen. Dann mit dem Öl in einer Schüssel vermengen, sodass sie rundum mit Öl bedeckt sind. Bei Bedarf noch mehr Öl zufügen.

Die Speisestärke mit den Gewürzen mischen. Zu den Süßkartoffelstiften geben und diese in der Gewürzmischung wenden. Ein Backblech mit Backpapier auslegen und die Stifte gleichmäßig darauf verteilen, dabei darauf achten, dass sie sich nicht berühren. Eventuell zwei Bleche verwenden und die Süßkartoffelpommes nacheinander backen.

Die Pommes im vorgeheizten Ofen auf dem mittleren Einschub 12 Minuten backen. Anschließend das Blech aus dem Ofen nehmen und die Pommes wenden. Weitere 12–15 Minuten backen, dabei kurz vor Ende der Backzeit die Grillfunktion zuschalten.

Die fertigen Pommes aus dem Ofen nehmen, mit grobem Salz sowie Kräutern bestreuen und sofort servieren.

Tipp: Bei den Gewürzen kann variiert werden. Erlaubt ist, was schmeckt!

HAUPT-GERICHTE

MAZURSKA BABKA ZIEMNIACZANA

Masurische Kartoffel-Babka

Zeit: 90 Minuten
Schwierigkeit: leicht
Typ: Fleisch

Für 4–6 Personen

100 g Buchweizengrütze
1 kg vorwiegend festkochende Kartoffeln
100 ml Vollmilch
1 EL Weizenmehl Type 405
Salz
frisch gemahlener schwarzer Pfeffer
2 Zwiebeln
300 g geräucherter Speck
Pflanzenöl zum Anbraten (z. B. Sonnenblumenöl)
1 TL getrockneter Majoran
Butter oder Margarine für die Form

ZUM ANRICHTEN

200 g Schmand
frischer Schnittlauch, in Röllchen geschnitten

Die Buchweizengrütze nach Packungsangabe kochen und leicht abkühlen lassen. Den Backofen auf 180 °C Ober-/Unterhitze vorheizen. Die Kartoffeln schälen und mit einer Reibe fein reiben. Die Milch erwärmen und die Kartoffeln nach und nach zugeben. Das Mehl, Salz und Pfeffer und die Buchweizengrütze zufügen und alles gründlich miteinander vermengen.

Die Zwiebeln abziehen und fein hacken. Den Speck in Würfel schneiden. Etwas Öl in einer Pfanne erhitzen und ihn darin anbraten. Den Majoran mit den Händen etwas zerreiben und zusammen mit den Zwiebeln zufügen. Alles bei niedriger Temperatur weiterbraten, bis die Zwiebeln glasig sind. Anschließend vom Herd nehmen, etwas abkühlen lassen und mit der Kartoffelmasse vermengen.

Eine Auflauf- oder Kuchenform einfetten. Die Babka-Mischung gleichmäßig darin verteilen und im vorgeheizten Ofen auf dem mittleren Einschub etwa 45–60 Minuten backen, dabei 20 Minuten vor Ende der Backzeit die Temperatur auf 150 °C reduzieren und die Form mit Alufolie abdecken.

Die fertige Babka aus dem Ofen nehmen, in Scheiben schneiden und diese jeweils mit einem Klecks Schmand und etwas Schnittlauch garniert servieren.

BABKA Z BROKUŁ

Brokkoli-Babka

Zeit: 30 Minuten
Schwierigkeit: mittel
Typ: vegetarisch

Für 4 Personen

2 mittelgroße Köpfe Brokkoli
2 Schalotten
3 Knoblauchzehen
1 EL Olivenöl
1 TL Butter
100 ml trockener Weißwein
100 g süße Sahne
100 g geriebener Parmesan
Salz
frisch gemahlener schwarzer Pfeffer

ZUM ANRICHTEN

2–3 Stängel frischer Dill, Spitzen abgezupft
1 Handvoll Walnusskerne, gehackt

Den Brokkoli waschen, vom Strunk befreien und in Röschen zerteilen. Die Schalotten und den Knoblauch abziehen und fein hacken. Das Olivenöl zusammen mit der Butter in einer Pfanne erhitzen und die Zwiebeln und den Knoblauch darin anschwitzen. Dann die Brokkoliröschen zufügen und 4–5 Minuten mitbraten. Alles mit dem Wein ablöschen und dünsten, bis der Großteil der Flüssigkeit verdampft und der Brokkoli gar ist.

Anschließend das Gemüse mit dem Stabmixer pürieren. Die Sahne angießen, aufkochen und bei niedriger Temperatur köcheln lassen, bis die Masse eindickt. Den Parmesan einrühren und zuletzt mit Salz und Pfeffer abschmecken. In Förmchen (z. B. für Muffins) füllen und vollständig abkühlen lassen.

Die abgekühlten Babka-Küchlein dann vorsichtig aus der Form stürzen und mit dem Dill und den Walnusskernen bestreut servieren.

»Kaszotto« ist eine Art Risotto, wird aber mit Rollgerste anstelle von Reis zubereitet.

KASZOTTO Z PIECZONYM BUAKIEM I FETĄ

»Kaszotto« mit Roten Beten und Feta

Zeit: 30 Minuten
+ Backzeit 45 Minuten

Schwierigkeit: leicht

Typ: vegetarisch

Für 3–4 Personen

4 mittelgroße Knollen Rote Bete
1 Stück Ingwer (ca. 1 cm)
2 Zwiebeln
3 Knoblauchzehen
2 EL Olivenöl
3 EL Butter
300 g Rollgerste
750 ml Gemüsebrühe
Salz
frisch gemahlener schwarzer Pfeffer
1 TL getrockneter Thymian
1 TL getrockneter Rosmarin

ZUM ANRICHTEN

200 g Feta, krümelig zerdrückt
1 Handvoll gehackte Petersilie

Die Roten Beten gründlich waschen und trockenreiben. Die Knollen einzeln in Alufolie wickeln und zusammen auf ein Backblech setzen. Im Backofen auf dem mittleren Einschub bei 180 °C Ober-/Unterhitze etwa 30 Minuten backen. Anschließend aus dem Ofen nehmen, die Folie entfernen und die Knollen abkühlen lassen. Dann schälen und in kleine Würfel schneiden.

Den Ingwer schälen, fein hacken und beiseitestellen. Die Zwiebeln und den Knoblauch abziehen und fein hacken. Das Olivenöl mit 1 EL Butter in einer großen Pfanne erhitzen und die Zwiebeln bei niedriger Temperatur darin glasig anschwitzen. Den Knoblauch zugeben und 1–2 Minuten mit anbraten.

Die Rollgerste und die Bete zufügen. Die Brühe nach und nach angießen und den »Kaszotto« unter ständigem Rühren bei niedriger Temperatur leicht köcheln lassen, bis die Rollgerste die Flüssigkeit aufgesogen hat und bissfest gegart ist. Salz, Pfeffer, den Thymian, den Rosmarin und den Ingwer zugeben. Alles bei niedriger Temperatur weitere 2–3 Minuten köcheln lassen.

Dann vom Herd nehmen, die restliche Butter (2 EL) unterrühren und den »Kashotto« abgedeckt 2–3 Minuten ziehen lassen. Mit Feta und Petersilie bestreuen und servieren.

KASZOTTO Z BROKUŁEM I MIGDAŁAMI

»Kaszotto« mit Brokkoli und Mandeln

Zeit: 30 Minuten
Schwierigkeit: leicht
Typ: vegetarisch

Für 2 Personen

Salz
1 mittelgroßer Kopf Brokkoli
30 g Mandelkerne
100 g Rollgerste
2 EL Olivenöl
1 EL Weißweinessig
1 TL Himalajasalz
frisch gemahlener schwarzer Pfeffer

Leicht gesalzenes Wasser in einem Topf aufkochen. Den Brokkoli waschen, vom Strunk befreien und in Röschen teilen. Diese 3–4 Minuten im kochenden Salzwasser blanchieren, dann in einer Schüssel mit eiskaltem Wasser abschrecken, abgießen und abtropfen lassen.

Die Mandelkerne hacken. Die Rollgerste nach Packungsanleitung kochen. Anschließend vom Herd nehmen, abgedeckt einige Minuten abkühlen lassen und in eine Schüssel umfüllen. Den Brokkoli und die Mandelkerne vorsichtig untermengen.

Den »Kaszotto« mit dem Olivenöl und dem Essig beträufeln. Mit dem Salz und Pfeffer würzen und servieren.

Fuczki sind ein einfaches, günstiges und schmackhaftes Gericht, bekannt aus dem Bieszczady-Gebirge im Südosten Polens und traditionellen Kartoffelpuffern nicht unähnlich. Der Teig wird mit einem Löffel zu Pfannkuchen geformt, die in in Öl oder Butterschmalz ausgebacken werden.

FUCZKI

Sauerkraut-Pfannkuchen

Zeit: 20 Minuten
Schwierigkeit: leicht
Typ: vegetarisch

Für 2–3 Personen

300 g frisches Sauerkraut
200 g Weizenmehl Type 405
150 g Vollmilch oder Wasser
1 Ei
Salz
frisch gemahlener schwarzer Pfeffer
Kümmelsamen und getrocknetes Bohnenkraut (optional)
Pflanzenöl oder Butterschmalz zum Anbraten

ZUM ANRICHTEN

200 g saure Sahne
1–2 Stängel Petersilie, Blättchen abgezupft

Das Sauerkraut unter fließendem kaltem Wasser in einem Sieb abspülen und gut abtropfen lassen. Anschließend leicht ausdrücken und fein hacken.

Das Mehl, die Milch und das Ei in einer tiefen Schüssel verrühren. Mit Salz, Pfeffer und optional mit Kümmel und Bohnenkraut würzen. Das Sauerkraut zufügen und alles gut zu einem Teig vermengen.

Das Fett in einer Pfanne erhitzen. Den Teig löffelweise hineingeben und auf beiden Seiten jeweils 2–3 Minuten goldbraun zu kleinen Pfannkuchen ausbacken.

Die Pfannkuchen jeweils mit einem Klecks saure Sahne und Petersilie bestreut servieren.

Tipp: Die Pfannkuchen schmecken auch mit Joghurt oder Knoblauchsauce gut.

Diese Mehlspeise ist gern gesehener Gast bei polnischen Mahlzeiten. Üblicherweise werden Kopytka aus gekochten und pürierten Kartoffeln zubereitet und als Hauptgericht oder als Beilage, z. B. zu Gulasch, serviert. Auch mit Pilzsauce oder übergossen mit in Butter gebratenen Semmelbröseln sind sie einfach köstlich.

KOPYTKA Z BATATÓW
Süßkartoffel-Gnocchi

Zeit: 40 Minuten
Schwierigkeit: mittel
Typ: vegetarisch

Für 2–3 Personen

300 g Süßkartoffeln
Salz
1 Ei
½ EL Kartoffelstärke
1 TL Salz
½ TL frisch gemahlener schwarzer Pfeffer
½ TL frisch geriebene Muskatnuss
150–200 g Weizenmehl Type 405 plus etwas mehr für die Arbeitsfläche

FÜR DIE SALBEIBUTTER

2 EL Butter
2 frische Salbeiblätter

ZUM ANRICHTEN (OPTIONAL)

1 Handvoll frische Kräuter

Die Süßkartoffeln schälen und in Würfel schneiden. Wasser aufkochen, leicht salzen und die Süßkartoffeln darin weich kochen. Anschließend abgießen, abkühlen lassen und zu einem Püree zerstampfen. Das Ei und die Kartoffelstärke untermengen, mit Salz, Pfeffer und Muskatnuss abschmecken. Dann das Weizenmehl nach und nach zugeben und alles zu einem glatten Teig verkneten, dabei nach Bedarf vorsichtig etwas mehr Mehl einarbeiten.

Ein Brett mit Mehl bestauben. Den Teig daraufsetzen und mit den Händen zu einer Rolle formen. Die Rolle in etwa 2 cm große Gnocchi-Stücke schneiden. Wasser in einem großen Topf aufkochen, salzen und die Gnocchi darin garen, bis sie an die Oberfläche steigen. In ein Sieb abgießen oder mit einem Schaumlöffel aus dem Wasser heben.

Für die Salbeibutter die Butter in einer Pfanne schmelzen und die Salbeiblätter zufügen. Die Butter bei mittlerer Temperatur rühren, bis sie goldbraun karamellisiert und ein nussiges Aroma entfaltet.

Die Gnocchi in der gebräunten Butter schwenken und optional mit frischen Kräutern bestreut servieren.

BATUMI
KUCHNIA
GRUZIŃSKA
20m Zapraszamy
NOCLEGI
W APARTAMENCIE
Tel. 515-114-614
SIEL

KAWA
NA WYNOS
DOMOWE CIASTA
REGIONALNE
SMAKI
LEMONIADY
SIELANKA
Sielanka
ZAPRASZAMY

Heringe haben zartes, fettreiches Fleisch und enthalten außerdem unter anderem Vitamin A, B, D und F, Kalium, Natrium, Jod und Magnesium. Da trifft es sich gut, dass Heringe nach kaschubischer Art zudem ein Klassiker in der polnischen Küche sind, sei es an Weihnachten oder auch einfach zu einem gemütlichen Essen mit Freunden.

ŚLEDZIE PO KASZUBSKU
Kaschubischer Hering

Zeit: 50 Minuten
Schwierigkeit: leicht
Typ: Fisch

Für 4 Personen

2 Zwiebeln plus einige rohe Zwiebelringe zum Anrichten
3 EL Traubenkernöl
8 Pimentkörner
4 Lorbeerblätter
3 Essiggurken
150 g Tomatenmark
3 EL Honig
2 TL Weißweinessig
frisch gemahlener schwarzer Pfeffer
Salz
300 g eingelegte Matjesheringe

ZUM ANRICHTEN

1–2 Stängel Petersilie, Blätter abgezupft

Die Zwiebeln abziehen und in feine Würfel schneiden. Das Öl erhitzen und die Zwiebeln mit den Pimentkörnern und den Lorbeerblättern darin goldgelb anschwitzen. Die Essiggurken in feine Würfel schneiden, zu den Zwiebeln geben und 1–2 Minuten weiterbraten.

Das Tomatenmark kurz mit anrösten. Dann 2 EL Honig zufügen und alles gründlich mischen. 120 ml Wasser mit 1 TL Essig angießen. Die Sauce mit Pfeffer würzen und bei niedriger Temperatur einreduzieren lassen. Vom Herd nehmen, abkühlen lassen und mit Salz, dem restlichen Essig (1 TL) und Honig (1 EL) abschmecken.

Die Heringe in gleichmäßige Streifen schneiden und in einer Schüssel mit der Sauce vermengen. Für mindestens 2 Stunden im Kühlschrank ziehen lassen, damit sich die Aromen gut verbinden.

Die Heringe mit den Zwiebelringen und der Petersilie garniert servieren.

GRILLOWANA RYBA Z BAZYLIOWYM PESTO

Gegrillter Fisch mit Senfbutter und Basilikum-Pesto

Zeit: 40 Minuten
Schwierigkeit: mittel
Typ: Fisch

Für 4 Personen

FÜR DEN FISCH

100 g zimmerwarme weiche Butter
4 EL grobkörniger Dijonsenf
½ TL Honig
2 EL gehackter Rosmarin
Abrieb von ½ unbehandelten Zitrone
2 ausgenommene Wolfsbarsche (alternativ: andere weißfleischige Salzwasserfische)
Olivenöl

FÜR DAS PESTO

1 Handvoll frisches Basilikum
1 Handvoll frische Petersilie
1 Knoblauchzehe
60 g geriebener Grana Padano
60 ml Olivenöl
3 EL Pistazienkerne

ZUM ANRICHTEN

1 kg kleine festkochende Kartoffeln plus Olivenöl zum Grillen
1 Handvoll gehackte Petersilie
Abrieb von ½ unbehandelten Zitrone

Für den Fisch die Butter mit dem Senf, dem Honig, dem Rosmarin und dem Zitronenabrieb verrühren und beiseitestellen. Die Fische gründlich entschuppen, waschen und trockentupfen. Die Haut in gleichmäßigen Abständen vorsichtig einschneiden, dann die Fische mit Olivenöl bestreichen und 20–25 Minuten in einer feuerfesten Form bei 220 °C Oberhitze (Grillfunktion ohne Umluft) im vorgeheizten Ofen auf dem mittleren Einschub im Ofen grillen. Dabei einmal wenden und immer wieder mit der Senfbutter bestreichen, bis die Haut auf allen Seiten kross gebräunt ist.

Für das Pesto die Kräuter waschen und trockentupfen. Den Knoblauch abziehen und mit den Kräutern sowie den übrigen Zutaten im Mixer gründlich zu einer dicken Paste verarbeiten.

Die Kartoffeln gründlich waschen. Wasser in einem großen Topf aufkochen und die Kartoffeln darin mit Schale nicht vollständig garen. Herausnehmen und größere Exemplare in dicke Scheiben schneiden, kleinere halbieren. Mit Olivenöl bestreichen und in einer Grillpfanne bei mittlerer bis hoher Temperatur auf dem Herd goldbraun rösten.

Zum Anrichten den Fisch mit Petersilie und Zitronenabrieb bestreuen. Die Kartoffeln mit dem Pesto beträufeln und zusammen mit dem Fisch servieren.

DORSZ NA SZPINAKU

Kabeljau auf Spinat

Zeit: 30 Minuten
Schwierigkeit: leicht
Typ: Fisch

Für 4 Personen

4 Kabeljaufilets (á 150–200 g)
Salz
frisch gemahlener schwarzer Pfeffer
2–3 EL Olivenöl
Saft von 1 Zitrone
5 EL Mandelblättchen
2 Knoblauchzehen
4 EL Butter
500 g Spinat
Pflanzenöl zum Anbraten

ZUM ANRICHTEN

2–3 Zweige Rosmarin
1 unbehandelte Zitrone in Scheiben geschnitten, gebraten oder gegrillt

Die Fischfilets mit Salz und Pfeffer würzen, mit dem Olivenöl bestreichen und dem Zitronensaft beträufeln. Die Mandelblättchen in einer Pfanne ohne Fettzugabe rösten und in eine Schüssel geben.

Den Knoblauch abziehen und in Scheiben schneiden. Die Butter in derselben Pfanne erhitzen und den Knoblauch darin anschwitzen. Den Spinat waschen, verlesen und trockentupfen. Dann mit in die Pfanne geben, zusammenfallen lassen und mit Salz und Pfeffer würzen.

Etwas Öl in einer weiteren Pfanne erhitzen und den Kabeljau darin auf beiden Seiten je etwa 2 Minuten anbraten.

Den Fisch herausnehmen, auf dem Spinat anrichten und mit den Mandelblättchen bestreuen. Mit Rosmarinzweigen und Zitronenscheiben garnieren und servieren.

BURGERY Z RYBY Z SAŁATKĄ COLESŁAW

Fischburger mit Krautsalat

Zeit: 40 Minuten
Schwierigkeit: mittel
Typ: Fisch

Für 2 Personen

FÜR DEN SALAT

200 g Weißkohl
1 Knoblauchzehe
100 ml Weißweinessig
100 g Zucker
4 Pimentkörner
½ rote Zwiebel
frisch gemahlener schwarzer Pfeffer
Salz
100 g Naturjoghurt (3,5 % Fett)

FÜR DIE BURGER-PATTIES

1 Knoblauchzehe
Salz
1 Bund Petersilie
80 g getrocknete Tomaten in Öl
500 g Fischfilet (z. B. Lachs, Brasse, Kabeljau)
frisch gemahlener schwarzer Pfeffer
Pflanzenöl
½ rote Zwiebel

Für den Salat den Kohl waschen, vom Strunk befreien und die Blätter in feine Streifen schneiden. Den Knoblauch abziehen und in dünne Scheiben schneiden. Den Essig mit dem Zucker, dem Knoblauch und dem Piment in einem kleinen Topf erhitzen. Unter gelegentlichem Rühren bei niedriger Temperatur zu einem Sirup reduzieren. Den Kohl in einer größeren Schüssel mit dem heißen Sirup übergießen, gründlich vermengen und ziehen lassen, bis die Burger-Patties zubereitet sind.

Für die Burger-Patties den Knoblauch abziehen, hacken, leicht salzen und mithilfe einer Messerklinge zerdrücken. Die Petersilie waschen, abtropfen lassen, trockentupfen, fein hacken und ein Drittel für den Salat beiseitestellen. Die Tomaten sowie das Fischfilet fein hacken. Den Knoblauch, die restliche Petersilie und die Tomaten vorsichtig mit dem Fisch vermengen und mit Salz und Pfeffer abschmecken. Dann die Masse in zwei Hälften teilen und mit geölten Händen je ein Patty daraus formen. Den Grill vorheizen und die Patties auf beiden Seiten je etwa 3 Minuten auf einem Rost grillen. Alternativ bei mittlerer Temperatur in einer Pfanne mit etwas Öl anbraten. Die Zwiebel abziehen, eine Hälfte in Ringe schneiden und ebenfalls mit etwas Öl in einer Pfanne goldbraun anbraten.

FÜR DIE BURGER

2 große Burgerbrötchen (z. B. Vollkorn oder Dinkel)

1–2 Stängel Basilikum, Blätter abgezupft

1 Prise Salz

2 EL Olivenöl

ZUM ANRICHTEN

1 Handvoll Rucola

1 große Tomate, in Scheiben geschnitten

Für den Salat die zweite Zwiebelhälfte ebenfalls in dünne Ringe schneiden. Den marinierten Weißkohl abgießen und mit den Zwiebelringen, reichlich Pfeffer und etwas Salz vermengen. Zuletzt den Joghurt sowie die beiseitegestellte Petersilie zufügen und alles gründlich mischen.

Für die Burger die Brötchen halbieren. Das Basilikum waschen, trockentupfen, hacken und mit dem Salz und dem Olivenöl vermengen. Die Schnittflächen der Burgerbrötchen mit der Mischung beträufeln und die Brötchen mit den Schnittflächen nach unten zu den Patties auf den Grill bzw. in die Pfanne geben und kurz anbraten.

Die untere Brötchenhälfte wie folgt belegen: zuerst Krautsalat, dann Rucola, ein Patty, gebratene Zwiebel und Tomatenscheiben. Die obere Brötchenhälfte daraufsetzen, mit einem Schaschlikstäbchen fixieren und die Burger servieren.

MINTAJ W BRZOSKWINIOWEJ SALSIE

Seelachs mit Pfirsich-Salsa

Zeit: 20 Minuten
Schwierigkeit: leicht
Typ: Fisch

Für 4 Personen

4 reife Pfirsiche (alternativ: aus der Dose)
2 rosa Grapefruits
1 rote Zwiebel
4 TK-Seelachsfilets (à 100–150 g)
Salz
Zitronenpfeffer
Olivenöl zum Dünsten
1 Zweig Rosmarin
2–3 Stängel Basilikum
1 getrocknete Chilischote, gehackt (alternativ: etwas Cayennepfeffer)
1–2 TL Honig

Wasser aufkochen und die frischen Pfirsiche darin blanchieren. Dann mit eiskaltem Wasser abschrecken. Die Pfirsiche schälen, vom Stein befreien und in kleine Würfel schneiden. Die Grapefruits schälen, von der weißen Haut befreien, filetieren und in Würfel schneiden, dabei den Saft auffangen und beiseitestellen. Die Zwiebel abziehen und fein hacken. Mit den Grapefruit- und Pfirsichwürfeln vermengen.

Die Fischfilets waschen, trockentupfen, mit Salz und reichlich Zitronenpfeffer würzen. Je nach Größe der Filets in einer tiefen Pfanne bei aufgesetztem Deckel 6–9 Minuten mit Olivenöl dünsten.

Die Kräuter waschen, trockentupfen und fein hacken. Mit 2–3 EL Grapefruitsaft unter die Pfirsichmasse mischen. Zuletzt die Salsa mit Salz, der Chilischote und dem Honig abschmecken.

Den Fisch mit der Pfirsich-Salsa anrichten und servieren.

Tipp: Die Salsa schmeckt auch zu gegrilltem Fisch.

LODY
21
POKOJE

LODY
produkowane na miejscu
SORBETY
LODY

Kohlrouladen sind ein beliebtes Gericht in mittel- und osteuropäischen Ländern. Je nach Region werden für die Zubereitung Weißkohl- oder Wirsingblätter, ganze Sauerkraut- oder Weinblätter verwendet. Das Rezept unten verzichtet allerdings auf das mühevolle Wickeln und integriert den Kohl einfach gleich in die Füllung. Gołąbki reloaded!

ŁATWE GOŁĄBKI

Hackbällchen mit Kohl in Tomatensauce

Zeit: 1 Stunde
Schwierigkeit: mittel
Typ: Fleisch

Für 4–5 Personen

FÜR DIE HACKBÄLLCHEN

½ Zwiebel
200 g Weißkohl
Sonnenblumenöl zum Anschwitzen
Salz
frisch gemahlener schwarzer Pfeffer
200 g frisches Sauerkraut
100 g Gerstengrütze (gekocht)
500 g Hackfleisch (Schwein und Rind)
1 Ei

FÜR DIE TOMATENSAUCE

½ Zwiebel
Sonnenblumenöl zum Anschwitzen
1 EL Tomatenmark
600 g stückige Tomaten aus der Dose
Salz
frisch gemahlener schwarzer Pfeffer
1 TL Zucker
1 TL getrockneter Majoran
30 g Butter

Für die Hackbällchen die Zwiebel abziehen und in Würfel schneiden. Den Weißkohl vom Strunk befreien, die Blätter waschen und in dünne Streifen schneiden. Öl in einem Topf erhitzen und die Hälfte der Zwiebelwürfel darin anschwitzen. Mit Salz und Pfeffer würzen. Den Weißkohl zugeben, kurz anbraten. Dann etwa 120 ml Wasser angießen, einen Deckel aufsetzen und alles etwa 10 Minuten garen, der Kohl soll noch Biss haben und die Flüssigkeit verdunstet sein. Anschließend die Masse in eine Schüssel geben und abkühlen lassen.

Inzwischen für die Sauce Öl in einem Topf erhitzen und die übrigen Zwiebelwürfel darin anschwitzen. Das Tomatenmark zufügen und anrösten. Dann die Tomaten und etwas Wasser zugeben. Die Sauce reduzieren und mit Salz, Pfeffer, dem Zucker und dem Majoran abschmecken. Aufkochen, die Butter unterrühren und den Topf vom Herd nehmen.

Für die Hackbällchen das Sauerkraut unter fließendem kaltem Wasser in einem Sieb abspülen und gut abtropfen lassen. Anschließend leicht ausdrücken und fein hacken. Zusammen mit der Gerstengrütze, dem Hackfleisch und dem Ei zur abgekühlten Weißkohlmasse geben. Mit Salz und Pfeffer würzen. Alles gründlich zu einer homogenen Masse vermengen und daraus kleine Bällchen formen.

Den Backofen auf 180 °C Ober-/Unterhitze vorheizen.

Die Hälfte der Sauce in eine Auflaufform gießen und die Hackbällchen darauf verteilen. Die Hackbällchen mit Tomatensauce im vorgeheizten Ofen auf dem mittleren Einschub etwa 30–45 Minuten backen. Anschließend aus dem Ofen nehmen und sofort servieren.

Tipp: Die Hackbällchen in der Tomatensauce vor dem Backen nach Belieben mit 2–3 frischen Rosmarinzweigen bestreuen.

Krokiety werden üblicherweise mit Rindfleisch oder vegetarisch mit Sauerkraut und Pilzen gefüllt. Sie eignen sich sowohl als Vorspeise als auch als Hauptgericht. Auch zu Borschtsch schmecken sie köstlich. Am besten bereitet man die Kroketten dann zu, wenn man ohnehin Fleischbrühe kocht. So hat man gleich Verwendung für das Fleisch und das Gemüse aus der Brühe.

KROKIETY Z MIĘSEM

Kroketten mit Fleischfüllung

Zeit: 80 Minuten
Schwierigkeit: schwierig
Typ: Fleisch

Für ca. 15 Kroketten

FÜR DIE FÜLLUNG

500 g Champignons
2 Zwiebeln
2 TL Butter
Salz
frisch gemahlener schwarzer Pfeffer
1 Karotte
½ Bund Petersilie
500 g Suppenfleisch (Geflügel- oder Rindfleisch)
125 ml Gemüse- oder Rinderbrühe
1 Ei

FÜR DEN TEIG

300 g Weizenmehl Type 405
4 Eier
500 ml Vollmilch
½ TL Salz
3 EL Pflanzenöl oder geschmolzene Butter
1 Spritzer Mineralwasser
Butterschmalz oder Pflanzenöl zum Ausbacken

Für die Füllung die Pilze putzen, trocken abreiben und in kleinere Stücke schneiden. Die Zwiebeln abziehen und fein hacken. Die Butter in einer Pfanne erhitzen und beides darin unter gelegentlichem Rühren kurz anbraten. Mit Salz und Pfeffer würzen. Die Karotte waschen und schälen. Die Petersilie waschen und trockentupfen. Beides zusammen mit dem Fleisch und der Zwiebel-Pilz-Mischung in der Küchenmaschine oder im Fleischwolf zerkleinern. Die Masse in dieselbe Pfanne geben und darin anbraten. Die Brühe angießen, alles mit Salz sowie Pfeffer abschmecken und abkühlen lassen. Anschließend das Ei untermengen.

Für den Teig das Mehl, die Eier, die Milch sowie das Salz vermengen. 30 Minuten ruhen lassen. Dann das Öl und das Mineralwasser untermischen. Butterschmalz in einer großen beschichteten Pfanne erhitzen, den Teig nacheinander in etwa 15 Portionen zu Pfannkuchen ausbacken.

Die Füllung auf die Pfannkuchen verteilen und diese aufrollen. Dazu zunächst zwei gegenüberliegende Seiten des Pfannkuchens etwa 2 cm zur Mitte falten, dann den Pfannkuchen von einer der noch nicht eingeklappten Seiten aus aufrollen. So vorbereitet können die entstandenen Kroketten auch einige Tage im Kühlschrank aufbewahrt und jeweils nur so viele zum Braten herausgenommen werden wie zur jeweiligen Mahlzeit gewünscht.

ZUM PANIEREN

2 Eier
Salz
Semmelbrösel
Butterschmalz oder Pflanzenöl zum Frittieren

Zum Panieren die Eier mit etwas Salz in einem tiefen Teller mit einer Gabel aufschlagen. Die Semmelbrösel in einen weiteren Teller geben. Die Kroketten zunächst durch das Ei ziehen und dann in den Semmelbröseln wälzen. Butterschmalz bei mittlerer Temperatur in einer tiefen Pfanne erhitzen und die Kroketten darin rundherum goldbraun frittieren; dabei mehr Butterschmalz zugeben, falls nötig.

Die Kroketten herausnehmen und heiß servieren. Dazu passt Borschtsch.

Tipp: Für eine vegetarische Variante können die Pfannkuchen mit Sauerkraut und Pilzen (siehe Seite 124) gefüllt werden.

In der Wahl der Zutaten für diesen in der polnischen, litauischen und weißrussischen Küche beliebten Eintopf hat man heutzutage freie Wahl. Traditionellerweise mit von der Partie sind aber fein gehacktes Sauerkraut, Fleisch, geräucherter Speck sowie getrocknete Pilze. Je länger es gekocht wird, desto besser wird das Bigos. Serviert wird es mit Brot und Wodka.

BIGOS MYŚLIWSKI Z RESZTEK

Jägereintopf »Bigos«

Zeit: etwa 3 Stunden
+ Einweichzeit 2 Stunden

Schwierigkeit: leicht

Typ: Fleisch

Für 5–6 Personen

1 Handvoll getrocknete Pilze
1,5 kg frisches Sauerkraut
800 g–1 kg Fleisch (Rind, Schwein oder Geflügel)
ca. 400 g geräucherte Wurst (z. B. Krakauer)
1 Zwiebel
Pflanzenöl oder Butterschmalz zum Anbraten
3–4 Pimentkörner
3–4 Lorbeerblätter
Salz
frisch gemahlener schwarzer Pfeffer

ZUM ANRICHTEN

Brot

Die Pilze etwa 2 Stunden in lauwarmem Wasser einweichen. Anschließend abtropfen lassen und weich kochen. Das Sauerkraut gründlich unter fließendem kaltem Wasser in einem Sieb abspülen und abtropfen lassen.

Das Fleisch sowie die Wurst getrennt in kleine Würfel schneiden und die Wurst beiseitestellen. Die Zwiebel abziehen und fein hacken. Das Fett in einer großen Pfanne oder einem Topf erhitzen und das Fleisch mit der Zwiebel darin leicht anbraten. Die Mischung vom Herd nehmen und beiseitestellen.

Das Sauerkraut in einen großen Topf geben. 750 ml Wasser, die Pimentkörner, die Lorbeerblätter, Salz sowie Pfeffer zufügen und das Kraut bei niedriger Temperatur 2 Stunden garen.

Anschließend die Fleisch-Zwiebel-Mischung sowie die Wurst untermengen und alles bei niedriger Temperatur etwa 1 weitere Stunde schmoren. Zuletzt die Pilze zufügen und bei niedriger Temperatur weiterschmoren, bis die Flüssigkeit fast verdampft und alles weich gegart ist.

Den Eintopf mit Brot anrichten und servieren.

Tipp: Zum Kochen von Bigos können auch die Reste von kaltem Braten, Speck, getrocknete Pflaumen und trockener Rotwein verwendet werden.

PIROGGEN
3 GRUNDREZEPTE

CIASTO NA PIEROGI
WERSJA PODSTAWOWA TRADYCYJNA
Piroggenteig »Basic«

Für ca. 40 Piroggen

300 g Weizenmehl Type 405
½ TL Salz

Das Mehl auf ein Backbrett sieben, in der Mitte eine Mulde bilden und das Salz hineingeben. Etwas heißes Wasser zufügen und alles mit den Händen rasch verkneten. Dabei nach und nach mehr lauwarmes Wasser zufügen, bis ein geschmeidiger Teig entsteht, der nicht an den Händen klebt. Alternativ eine Küchenmaschine verwenden. Den Teig in Frischhaltefolie wickeln und etwa 30 Minuten ruhen lassen.

CIASTO NA PIEROGI KLASYCZNE

Piroggenteig »Traditionell«

Für ca. 40 Piroggen

300 g Weizenmehl Type 405
Salz
20 g Butter
1 Ei

Das Mehl mit 1 Prise Salz in eine Schüssel geben. Etwa 100 ml Wasser aufkochen, die Butter darin schmelzen und die Mischung nach und nach unter Rühren mit einem Holzlöffel mit dem Mehl und dem Salz in der Schüssel vermengen.

Das Ei verquirlen und zugeben. Alles mit den Händen oder der Küchenmaschine rasch verkneten; dabei nach und nach mehr Wasser zufügen, bis ein geschmeidiger Teig entsteht, der nicht an den Händen klebt. Den Teig in Frischhaltefolie wickeln und etwa 30 Minuten ruhen lassen.

CIASTO NA PIEROGI ORKISZOWE

Piroggenteig »Dinkel«

Für ca. 40 Piroggen

300 g Dinkelmehl Type 630
½ TL Salz
1 Prise frisch geriebene Muskatnuss
2 EL Rapsöl

Das Mehl auf ein Backbrett sieben, in der Mitte eine Mulde bilden und das Salz hineingeben. Etwas heißes Wasser zufügen und alles mit den Händen rasch verkneten. Dabei nach und nach mehr Wasser, den Muskat und das Öl zufügen, bis ein geschmeidiger Teig entsteht, der nicht an den Händen klebt. Alternativ eine Küchenmaschine verwenden. Den Teig in Frischhaltefolie wickeln und etwa 30 Minuten ruhen lassen.

Pierogi sind in vielen Küchen der Welt zu finden. Vermutlich stammt die Idee, Teigstücke zu füllen und dann zu kochen, zu braten oder zu backen, aus China und gelangte von dort vor vielen Jahrhunderten nach Polen. Beliebte Füllungen für Pierogi sind Pilze, Sauerkraut mit Pilzen, Hackfleisch oder – für eine süße Variante – auch Obst wie Erdbeeren, Heidelbeeren oder Kirschen.

PIEROGI Z KAPUSTĄ KISZONĄ I GRZYBAMI

Piroggen mit Sauerkraut und Shiitake-Pilzen

Zeit: 1 Stunde
+ Einweichzeit 2 Stunden

Schwierigkeit: mittel

Typ: vegetarisch

Für 3–4 Personen

FÜR DIE FÜLLUNG

12 getrocknete Shiitake-Pilze
100 g Champignons oder andere Pilze
1 Zwiebel
500 g frisches Sauerkraut
Pflanzenöl zum Anbraten
½ TL getrockneter Majoran
1 Prise gemahlener Kreuzkümmel
Salz
frisch gemahlener schwarzer Pfeffer

FÜR DIE PIROGGEN

Piroggenteig nach Wahl
(siehe Seite 122/123)
Salz
Butter zum Anbraten

Für die Füllung die getrockneten Shiitake-Pilze nach Packungsanleitung in warmem Wasser einweichen. Die Champignons putzen, trocken abreiben und in Scheiben schneiden. Die Zwiebel abziehen und in feine Ringe schneiden, ein paar zum Servieren beiseitestellen. Das Sauerkraut unter fließendem kaltem Wasser in einem Sieb abspülen und gut abtropfen lassen. Anschließend leicht ausdrücken und klein hacken. Die Shiitake-Pilze abgießen, ebenfalls abtropfen lassen und in dünne Scheiben schneiden. Öl in einer Pfanne erhitzen und die Zwiebelringe mit den Champignons darin anschwitzen. Die Gewürze, Salz, Pfeffer, die Shiitake-Pilze und das Sauerkraut zufügen. Alles etwa 10 Minuten garen, bis das Kraut weich und die Flüssigkeit vollständig verdampft ist.

Für die Piroggen den fertigen Teig etwa 2 mm dünn ausrollen und mithilfe einer kreisförmigen Ausstechform oder eines Trinkglases Kreise daraus ausstechen. Die Füllung auf die Teiglinge setzen und diese zu Piroggentaschen zusammenfalten, dabei die Teigränder festdrücken. Leicht gesalzenes Wasser in einem großen Topf aufkochen, die Temperatur reduzieren und die Piroggen im siedenden Wasser garen, bis sie an die Oberfläche steigen. Anschließend abgießen.

Butter in einer Pfanne erhitzen und zunächst die restlichen Zwiebelringe darin anschwitzen, herausnehmen und beiseitestellen. Anschließend die Piroggen in die Pfanne geben, darin anbraten und dann mit der Butter und den Röstzwiebeln servieren.

Teigtaschen mit getrockneten Waldpilzen, auch »Uszka« – Öhrchen – genannt, werden aus Piroggen-Teig zubereitet. Serviert mit klarem Borschtsch sind sie ein traditionelles vegetarisches Gericht an Heiligabend in Polen. Enthalten sie Fleisch, dürfen sie sich nicht mit ihrem Kosenamen schmücken. Dann bleibt es bei »Teigtaschen«.

USZKA Z GRZYBAMI

Teigtaschen mit Pilzen

Zeit: 80 Minuten
+ Einweichzeit 2 Stunden

Schwierigkeit: mittel

Typ: vegetarisch

Für 4–5 Personen

FÜR DIE FÜLLUNG

- *60 g getrocknete Pilze (z. B. Steinpilze)*
- *1 mittelgroße Zwiebel*
- *3 EL Butter oder Pflanzenöl zum Anbraten*
- *¼ TL Salz*
- *½ TL frisch gemahlener schwarzer Pfeffer*
- *1 Eigelb*
- *1 EL Semmelbrösel*

FÜR DIE TORTELLINI

- *Piroggenteig nach Wahl (siehe Seite 122/123)*
- *Salz*

Für die Füllung die Pilze etwa 2 Stunden in Wasser einweichen. Anschließend abgießen und in einen kleinen Topf geben. Etwa 250 ml Wasser angießen und alles bei aufgesetztem Deckel bei niedriger Temperatur etwa 30 Minuten sanft köcheln lassen.

Die Zwiebel abziehen und fein würfeln. Die Butter oder das Öl in einer Pfanne erhitzen und die Würfel darin etwa 6 Minuten anschwitzen, dabei ab und zu umrühren. Die gekochten Pilze abtropfen lassen, zu der Zwiebel in die Pfanne geben und unter Rühren etwa 2–3 Minuten mit anbraten. Mit Salz sowie Pfeffer abschmecken. Die Füllung mit einem Messer oder in der Küchenmaschine fein zerkleinern. Zuletzt das Eigelb und die Semmelbrösel zugeben, alles gut vermengen und abkühlen lassen.

Für die Tortellini den fertigen Teig möglichst dünn ausrollen und mithilfe einer kreisförmigen Ausstechform oder eines Trinkglases Kreise von etwa 5 cm Durchmesser daraus ausstechen. Die Füllung auf die Teiglinge setzen und diese zu Piroggentaschen zusammenfalten, dabei die Teigränder festdrücken. Dann die beiden Teigenden zu Tortellini-typischer Form zusammenfügen.

Leicht gesalzenes Wasser in einem großen Topf aufkochen und die Tortellini darin im siedenden Wasser garen, bis sie an die Oberfläche steigen. Anschließend abgießen und sofort servieren. Dazu passt klarer Borschtsch (siehe Seite 28).

PIEROGI Z OWOCAMI LEŚNYMI
Piroggen mit Waldbeeren

Zeit: 40 Minuten
Schwierigkeit: mittel
Typ: vegetarisch

Für 3–4 Personen

FÜR DIE FÜLLUNG
200 g frische oder aufgetaute TK-Waldfrüchte (z. B. Heidelbeeren, Blaubeeren, Himbeeren)

FÜR DIE PIROGGEN
Piroggenteig nach Wahl (siehe Seite 122/123)
Salz

ZUM ANRICHTEN
200 g griechischer Joghurt oder süße Sahne
Puderzucker
1–2 Stängel Minze, Blätter abgezupft

Für die Füllung die frischen Früchte waschen, verlesen und trockentupfen.

Für die Piroggen den fertigen Teig etwa 2 mm dünn ausrollen und mithilfe einer kreisförmigen Ausstechform oder eines Trinkglases Kreise daraus ausstechen. Die Teiglinge mit den Beeren belegen und zu Piroggentaschen zusammenfalten, dabei die Teigränder festdrücken. Leicht gesalzenes Wasser in einem großen Topf aufkochen und die Piroggen darin im siedenden Wasser garen, bis sie an die Oberfläche steigen. Anschließend abgießen.

Die Piroggen mit dem Joghurt anrichten, mit Puderzucker bestauben, mit der Minze garnieren und servieren.

SÜSSES

Apfelkuchen schmeckt immer – kalt oder noch ofenwarm, serviert mit Schlagsahne oder einer Kugel Vanilleeis. Er kann auch mit einem Hefe-, einem Mürb- oder einem Biskuitteig zubereitet werden.

SZARLOTKA KOKOSOWA

Apfel-Kokos-Kuchen

Zeit: 20 Minuten
+ Backzeit 40 Minuten

Schwierigkeit: mittel

Typ: vegetarisch

Für 8–12 Stücke

FÜR DIE KOKOSSCHICHT

100 g Butter
4 Eiweiß
1 Prise Salz
150 g Zucker
200 g Kokosraspel
2 EL feiner Weizengrieß

FÜR DEN TEIG

4 Eigelb
150 g Butter plus etwas mehr für die Form
100 g Puderzucker
250 g Weizenmehl Type 405
2 TL Backpulver
1 EL Olivenöl
1 kg säuerliche Äpfel (z. B. Boskop)
gemahlener Zimt zum Bestreuen
Zucker zum Bestreuen

ZUM ANRICHTEN (OPTIONAL)

frische Minzblätter
8–12 Kugeln Vanilleeis

Für die Kokosschicht die Butter schmelzen, danach abkühlen lassen.

Den Backofen auf 180 °C Ober-/Unterhitze vorheizen.

Für den Teig das Eigelb mit der Butter und dem Puderzucker schaumig aufschlagen. Das Mehl und das Backpulver mischen. Diese Mischung mit dem Öl langsam unter die Butter-Eigelb-Puderzucker-Masse mengen. Eine rechteckige Backform (etwa 24 × 28 cm) einfetten. Den Teig einfüllen und gleichmäßig verstreichen. Die Äpfel waschen, schälen und grob raspeln. Auf dem Teig verteilen und mit etwas Zimt und Zucker bestreuen.

Für die Kokosschicht das Eiweiß mit dem Salz halb steif schlagen. Den Zucker unter Rühren langsam einrieseln lassen. Weiterschlagen, bis das Eiweiß glänzt und fest ist. Dann die Kokosraspel und den Grieß unterheben. Zuletzt die Butter langsam zugeben und unterziehen.

Die Kokosmasse auf den Äpfeln verteilen und den Kuchen im vorgeheizten Ofen auf dem mittleren Einschub etwa 40 Minuten backen. Anschließend aus dem Ofen nehmen und abkühlen lassen.

Den abgekühlten Kuchen in Stücke schneiden, optional mit Minze oder jeweils einer Kugel Vanilleeis anrichten und servieren.

MUFFINKI Z DYNIĄ
Kürbismuffins

Zeit: 20 Minuten
+ Backzeit 20–25 Minuten
Schwierigkeit: mittel
Typ: vegetarisch

Für 12 Stück

FÜR DIE MUFFINS

500 g Hokkaidokürbis
2 Eier
250 ml Vollmilch
125 ml Pflanzenöl
1 TL Vanilleextrakt
100 g Dinkelmehl Type 630
250 g Weizenmehl Type 405
2 TL Backpulver
½ TL Lebkuchengewürz
¼ TL frisch geriebene Muskatnuss
110 g brauner Zucker
1 Prise Salz

AUSSERDEM

Butter für die Form

Den Kürbis gründlich waschen, in kleine Würfel schneiden und in einem Topf (gerne mit Dampfeinsatz) weich dünsten. Anschließend etwa zwei Drittel der Würfel mit einer Gabel zu einem Stampf zerdrücken, den Rest beiseitestellen. Den Kürbis abkühlen lassen.

Den Backofen auf 210 °C Ober-/Unterhitze vorheizen. Die Eier mit der Milch, dem Öl und dem Vanilleextrakt gründlich verrühren. Die beiden Mehlsorten mit dem Backpulver, dem Lebkuchengewürz, der Muskatnuss, dem Zucker und dem Salz vermengen. Die Masse zusammen mit den beiseitegestellten Kürbiswürfeln und dem -stampf zum Eier-Milch-Gemisch geben. Alles mit einem Holzlöffel zügig zu einem Teig verarbeiten.

Die Mulden eines Muffinblechs einfetten und jeweils zu drei Viertel mit Teig befüllen. Die Muffins im vorgeheizten Ofen auf dem mittleren Einschub 20–25 Minuten backen. Anschließend aus dem Ofen nehmen und in der Form etwa 5 Minuten abkühlen lassen.

Dann die abgekühlten Muffins aus der Form lösen, vollständig erkalten lassen und servieren.

Werden sie an Ostern gebacken, enthalten Rührkuchen traditionellerweise Rosinen, Orangenschalen und kandierte Früchte. Sie werden dann in einer speziellen kegelförmigen Kuchenform gebacken und mit Zuckerguss verziert. Im Alltag sind aber auch Sand-, Zitronen- oder Marmormuffins auf der Kaffeetafel üblich.

BABKA MAJONEZOWA
Mayo-Babka

Zeit: 20 Minuten
+ Backzeit 45 Minuten
Schwierigkeit: einfach
Typ: vegetarisch

Für 8–10 Stücke

FÜR DEN TEIG

135 g Zucker
2 TL feiner Abrieb einer unbehandelten Zitrone
1 Päckchen Vanillezucker
4 Eier
90 g Weizenmehl Type 405
90 g Kartoffelstärke
1 ½ TL Backpulver
150 g Mayonnaise

AUSSERDEM

Butter für die Form
Mehl für die Form
Puderzucker zum Bestauben

Den Backofen auf 170 °C Ober-/Unterhitze vorheizen.

Den Zucker mit dem Zitronenabrieb und dem Vanillezucker mischen. Die Eier trennen und das Eiweiß halb steif schlagen. Die Zucker-Zitronenabrieb-Mischung unter Rühren langsam einrieseln lassen. Weiterschlagen, bis das Eiweiß fest ist. Dann die Eigelbe unter Rühren einzeln zugeben.

Das Mehl, die Stärke und das Backpulver vermengen. Die Mischung abwechselnd mit der Mayonnaise unter die Eischnee-Masse heben.

Eine Gugelhupfform (Ø 23 cm) einfetten und mit Mehl ausstreuen. Den Teig einfüllen und gleichmäßig verstreichen. Den Kuchen im vorgeheizten Ofen auf dem mittleren Einschub 40–45 Minuten backen. Anschließend aus dem Ofen nehmen und abkühlen lassen.

Den abgekühlten Kuchen aus der Form stürzen und mit Puderzucker bestaubt servieren.

BABKA Z KASZY I OWOCÓW LEŚNYCH

Grießpudding mit Beeren

Zeit: 20 Minuten
+ Backzeit 45 Minuten

Schwierigkeit: einfach

Typ: vegetarisch

Für 6–8 Stücke

FÜR DEN GRIESSPUDDING

500 ml Vollmilch
Salz
40 g Butter
150 g Weichweizengrieß
2 Eier
40 g Puderzucker
1 Handvoll Beeren (z. B. Himbeeren, Heidelbeeren, Blaubeeren, Brombeeren)

AUSSERDEM

Butter für die Form
Puderzucker für den Guss
Beeren zum Anrichten

Die Milch mit 1 Prise Salz und der Butter aufkochen. Den Grieß unter ständigem Rühren einrieseln lassen und die Masse kochen, bis ein dickflüssiger Brei entsteht. Anschließend den Brei etwas abkühlen lassen.

In der Zwischenzeit die Eier trennen. Das Eiweiß mit 1 Prise Salz steif schlagen. Die Eigelbe mit dem Puderzucker aufschlagen. Die Beeren waschen und trockentupfen. Den Backofen auf 180 °C Ober-/Unterhitze vorheizen.

Die Eigelb-Puderzucker-Mischung unter den leicht abgekühlten Grießbrei rühren. Danach den Eischnee unterheben. Außerdem die Beeren vorsichtig unterziehen. Eine ofenfeste Puddingform (Ø 20 cm) mit Butter einfetten. Die Puddingmasse einfüllen und den Pudding im vorgeheizten Ofen auf dem mittleren Einschub etwa 45 Minuten backen. Anschließend aus dem Ofen nehmen und abkühlen lassen.

Den abgekühlten Grießpudding aus der Form stürzen. Etwas Puderzucker mit wenig Wasser zu einem Guss verrühren und den Pudding damit überziehen. Mit einigen Beeren garniert servieren.

BABKA MARMURKOWA Z WIŚNIAMI
Marmorkuchen mit Kirschen

Zeit: 30 Minuten
+ Backzeit 45 Minuten

Schwierigkeit: mittel

Typ: vegetarisch

Für 8–10 Stücke

FÜR DEN TEIG

4 Eier
170 g Puderzucker
1 Päckchen Vanillezucker
170 g Weizenmehl Type 405
90 g Kartoffelstärke
2 gestr. TL Backpulver
180 ml Sonnenblumenöl
2 EL Back-Kakao

AUSSERDEM

Butter für die Form
Semmelbrösel für die Form
250 g entsteinte frische oder aufgetaute TK-Kirschen
Mandelstifte zum Bestreuen

Den Backofen auf 180 °C Ober-/Unterhitze vorheizen.

Die Eier mit dem Puderzucker und dem Vanillezucker 10 Minuten hell aufschlagen. Das Mehl, die Stärke und das Backpulver mischen. Die Mischung langsam unter die Ei-Zucker-Masse heben. Dann das Öl langsam einfließen lassen und untermengen. Eine Hälfte des Teigs in eine zweite Schüssel geben und den Kakao unterrühren.

Eine Kastenform (30 cm Länge) einfetten und mit Semmelbröseln ausstreuen. Den hellen und den dunklen Teig abwechselnd in die Form geben, bis beide verbraucht sind. Ein Holzstäbchen durch den Teig ziehen, um die Marmorierung zu verstärken. Die Kirschen auf dem Teig verteilen und mit dem Holzstäbchen in den Teig drücken. Den Kuchen mit Mandelstiften bestreuen und im vorgeheizten Ofen auf dem mittleren Einschub etwa 45 Minuten backen. Anschließend aus dem Ofen nehmen und abkühlen lassen.

Den abgekühlten Kuchen aus der Form stürzen und servieren.

Sernik wird in Polen traditionellerweise an Ostern serviert, schmeckt aber natürlich auch an jedem anderen Tag des Jahres köstlich. Manchmal wird die Schichtkäse-Masse mit einer Mohnfüllung kombiniert. Besonders Käsekuchen mit Mascarpone und Varianten ohne Boden werden in Polen immer populärer.

SERNIK MASCARPONE

Käsekuchen mit Mascarpone

Zeit: 30 Minuten
+ Ruhe-/Kühlzeit 15 Stunden
+ Backzeit 1 Stunde 35 Minuten

Schwierigkeit: einfach

Typ: vegetarisch

Für 8–12 Stücke

FÜR DEN KUCHENBODEN

60 g Butter
100 g Butterkekse
2 EL gemahlene Haselnusskerne

FÜR DIE MASCARPONESCHICHT

410 g Schichtkäse (alternativ: Sahnequark)
510 g Mascarpone
2 TL Vanillezucker
310 g Zucker
310 g saure Sahne (18 % Fett)
6 Eier
4 EL Weizenmehl Type 405

AUSSERDEM

2 EL Mandelstifte zum Bestreuen

Den Backofen auf 180 °C (Ober-/Unterhitze) vorheizen.

Für den Kuchenboden die Butter schmelzen, danach abkühlen lassen. Die Kekse zerbröseln und mit der abgekühlten Butter und den Haselnusskernen gründlich vermengen.

Eine Springform (Ø 22–23 cm) mit Backpapier auslegen, auch den Rand. Die Form außen zusätzlich bis zu einer Höhe von 3–4 cm in Alufolie wickeln, um sie für das spätere Wasserbad abzudichten. Die Kuchenboden-Masse in die Form füllen, auf dem Boden der Form verteilen und festdrücken. Den Kuchenboden auf dem mittleren Einschub etwa 15 Minuten backen. Anschließend aus dem Ofen nehmen und etwas abkühlen lassen.

Für die Mascarponeschicht den Schichtkäse, den Mascarpone, den Vanillezucker und den Zucker verrühren. Dann die saure Sahne untermengen. Die Eier nacheinander und abwechselnd mit dem Mehl unterrühren. Die Masse in die Form auf den Kuchenboden geben und gleichmäßig verstreichen.

Die Kuchenform in eine größere, tiefe ofenfeste Form stellen und in diese 2–3 cm hoch Wasser einfüllen.

Den Käsekuchen im Wasserbad stehend im vorgeheizten Ofen auf dem mittleren Einschub zunächst 25 Minuten backen. Dann die Temperatur auf 150 °C reduzieren und den Kuchen 45–55 Minuten fertig backen. Den Ofen ausschalten und den Kuchen im Ofen 3 Stunden ruhen lassen, dabei die Ofentür in dieser Zeit nicht öffnen. Danach den Kuchen aus dem Ofen nehmen und abkühlen lassen. Anschließend für etwa 12 Stunden kalt stellen.

Die Mandelstifte in einer Pfanne ohne Fettzugabe leicht anrösten. Den Kuchen aus der Form lösen und mit den Mandelstiften bestreut servieren.

Faworki, chrusty oder chruściki – so wird das traditionelle, süße Knuspergebäck am häufigsten bezeichnet. Faworki werden frittiert und mit Puderzucker bestreut. Sie sind eine Delikatesse, die vor allem in der Karnevalszeit zubereitet wird und sich großer Beliebtheit erfreut.

FAWORKI

Krapfen oder »Engelsflügel«

Zeit: 45 Minuten
+ Ruhezeit 30 Minuten

Schwierigkeit: schwierig

Typ: vegetarisch

Für 4–6 Personen

FÜR DEN TEIG

400 g Weizenmehl Type 405
1 Prise Salz
½ TL Zucker
1 EL Butter
1 Ei
3 Eigelb
100 g Konditorsahne (36 % Fett)
25 ml Rum oder Weinbrand (optional)

AUSSERDEM

1 l Pflanzenöl zum Ausbacken
Puderzucker und Vanillezucker zum Bestauben

Das Mehl sieben und mit dem Salz und dem Zucker vermengen. Die Butter, das Ei, das Eigelb, die Sahne und optional den Rum zufügen. Die Zutaten zu einem glatten, glänzenden Teig verkneten. Diesen ausrollen und zusammenfalten. Dann mit einem Nudelholz kräftig daraufklopfen, dadurch gelangt viel Luft in den Teig. Den gesamten Vorgang etwa 15 Minuten lang immer wieder wiederholen. Dann den Teigblock in Frischhaltefolie wickeln und 30 Minuten ruhen lassen.

Anschließend den Teig etwa 1,5 mm dünn ausrollen. Mit einem Messer mit Wellenschliff daraus Streifen von etwa 3 x 12 cm zuschneiden. In die Mitte der Teigstreifen jeweils einen Einschnitt machen und ein Ende durch die Öffnung ziehen.

Das Öl in einem breiten, flachen Topf erhitzen. Zum Testen der Temperatur einen Teigling in das erhitze Öl geben; wenn er schnell bräunt und aufschwimmt, ist die Temperatur hoch genug. Dann die Teiglinge portionsweise im Öl ausbacken, mit einem Schaumlöffel herausheben und auf Küchenpapier abtropfen lassen.

Zum Anrichten die Krapfen mit Puderzucker sowie Vanillezucker bestauben und servieren.

CHAŁKA
Hefezopf

Zeit: 30 Minuten
+ Ruhezeit 1 Stunde
+ Backzeit 35 Minuten

Schwierigkeit: mittel

Typ: vegetarisch

Für 8–12 Stücke

FÜR DEN TEIG

60 g Butter
25 g frische Hefe
400 g Weizenmehl Type 405
60 g Zucker
150 g Vollmilch
2 Eier
1 Prise Salz

AUSSERDEM

2 EL Vollmilch
Sesamsaat oder Blaumohn zum Bestreuen

Die Butter schmelzen und abkühlen lassen. Die Milch lauwarm erhitzen. Die Hefe mit 1 EL Mehl, 1 EL Zucker und der Milch zu einem Vorteig verrühren. Diesen abgedeckt an einem warmen Ort 10–15 Minuten gehen lassen.

Ein Ei trennen und das Eiweiß beiseitestellen. Das Eigelb und das zweite Ei mit den übrigen Zutaten und dem gegangenen Vorteig zu einem glatten Teig verkneten. Diesen abgedeckt an einem warmen Ort etwa 30 Minuten gehen lassen.

Den aufgegangenen Teig in drei gleich große Stücke teilen und jeweils zu einer etwa 40 cm langen Rolle formen. Diese Stränge nebeneinanderlegen und zu einem Zopf flechten. Den Hefezopf auf ein mit Backpapier ausgelegtes Backblech legen, abdecken und an einem warmen Ort weitere 15 Minuten gehen lassen. Inzwischen den Backofen auf 180 °C Ober-/Unterhitze vorheizen.

2 EL Milch mit dem beiseitegestellten Eiweiß verrühren und den Teigling damit bestreichen. Mit Sesam oder Blaumohn bestreuen. Den Hefezopf im vorgeheizten Ofen auf dem mittleren Einschub etwa 35 Minuten backen. Anschließend aus dem Ofen nehmen und etwas abkühlen lassen.

Den Hefezopf lauwarm servieren. Dazu passt hausgemachte Konfitüre, Honig oder Butter.

KONFITURA POMARAŃCZOWO MARCHEWKOWA Z IMBIREM
Orangen-Karotten-Ingwer-Marmelade

Zeit: 2 Stunde

Schwierigkeit: mittel

Typ: vegetarisch

Für 2 Gläser à 250 ml

FÜR DIE MARMELADE

5 unbehandelte Orangen

200 g Zucker

1 EL geriebener frischer Ingwer

500 g Karotten

AUSSERDEM

2 saubere Schraubgläser (à 250 ml), sterilisiert (ausgekocht)

Eine Orange heiß waschen, trockenreiben und die Schale dünn abreiben. Die Orange von der weißen Haut befreien und filetieren. Die übrigen Orangen auspressen.

Die Orangenfilets in eine Pfanne geben und mit 50 g Zucker bestreuen. Unter gelegentlichem Schwenken der Pfanne erhitzen, bis der Zucker karamellisiert. Dann den Orangenabrieb und den Ingwer untermengen und alles beiseitestellen.

Die Karotten waschen, schälen und grob raspeln. Den übrigen Zucker (150 g) mit 200 ml Wasser in einem Topf verrühren und aufkochen, bis sich der Zucker aufgelöst hat. Die Karottenraspel untermengen und die Mischung bei aufgesetztem Deckel 10 Minuten kochen. Anschließend den Deckel abnehmen und alles offen noch etwa 10 Minuten leise köcheln lassen. Danach den ausgepressten Orangensaft angießen. Die Marmeladenmasse kochen, bis die Flüssigkeit verdampft ist. Dann die Masse mit dem Stabmixer pürieren. Zuletzt die beiseitegestellten Ingwer-Orangenfilets untermengen.

Die fertige Marmelade in die Schraubgläser füllen, den Deckel aufschrauben und die Gläser umgedreht stehen lassen, bis sie abgekühlt sind.

Die Marmelade eignet sich hervorragend als Füllung für Kuchen oder als Belag für frisches Brot.

KONFITURA ZE ŚLIWEK I RUMU

Pflaumen-Rum-Konfitüre

Zeit: 2 Stunden 15 Minuten
Schwierigkeit: einfach
Typ: vegetarisch

Für 4–5 Gläser à 250 ml

FÜR DIE KONFITÜRE

1 kg Pflaumen
500 g Zucker
2 TL gemahlener Zimt
feiner Abrieb von 1 kleinen unbehandelten Zitrone plus etwas Zitronensaft
50 ml weißer Rum

AUSSERDEM

5 saubere Schraubgläser (à 250 ml), sterilisiert (ausgekocht)

Die Pflaumen waschen, halbieren und entsteinen. Die Früchte zusammen mit den übrigen Zutaten in einen großen Topf geben. Alles unter gelegentlichem Rühren bei niedriger Temperatur in etwa 2 Stunden zu einer Konfitüre einkochen.

Die fertige Konfitüre in die Schraubgläser füllen, den Deckel aufschrauben und die Gläser umgedreht stehen lassen, bis sie abgekühlt sind.

Die Konfitüre eignet sich hervorragend als Füllung für Kuchen oder als Belag für frisches Brot.

GETRÄNKE

KOMPOT JABŁKOWY Z CYNAMONEM

Apfelgetränk mit Zimt

Zeit: 30 Minuten
Schwierigkeit: einfach
Typ: vegetarisch

Für etwa 4 l

ca. 1 kg Äpfel
80 g Rohrzucker
einige Gewürznelken
1 Zimtstange (alternativ: ½ TL gemahlener Zimt)
3 Scheiben einer unbehandelten Zitrone
1 kleine Handvoll Rosinen (optional)

ZUM ANRICHTEN (OPTIONAL)
frische Zimtstangen

Die Äpfel schälen, vierteln, vom Kerngehäuse befreien und in Spalten schneiden. Diese in einen großen Topf geben, den Zucker zufügen und mit 4 l Wasser aufgießen. Die Nelken, die Zimtstange und die Zitronenscheiben zugeben. Die Mischung aufkochen und etwa 30 Minuten köcheln lassen. Anschließend optional die Rosinen untermengen.

Das Apfelgetränk in Gläser gießen und entweder gekühlt, optional mit Minzblättern, oder warm, optional mit Zimtstangen, garnieren und servieren.

Dieser alkoholfreie Punsch schmeckt im Winter am besten! Er ist außerdem sehr gesund: Er verbessert die Verdauung, reguliert den Appetit, stärkt das Herz und wirkt sich positiv auf das Nervensystem aus. Geräuchertes Trockenobst ist auch in Polen zumeist nur in der Vorweihnachtszeit erhältlich und lässt sich problemlos durch einfaches Trockenobst ersetzen.

KOMPOT Z SUSZONYCH I WĘDZONYCH OWOCÓW

Punsch mit geräuchertem Trockenobst

Zeit: 50 Minuten
+ Ziehzeit 24 Stunden

Schwierigkeit: einfach

Typ: vegetarisch

Für etwa 3 l

300 g geräuchertes Trockenobst (z. B. Birnen, Äpfel, Pflaumen, alternativ: ungeräucherte Früchte)
1 Handvoll Rosinen
5–6 getrocknete Datteln ohne Stein
3–4 getrocknete Aprikosen
6–7 Gewürznelken
80 g Rohrzucker
1 TL gemahlener Zimt
1 Prise gemahlener Kardamom
½ TL geriebener frischer Ingwer
2–3 EL Honig

ZUM ANRICHTEN

Scheiben von unbehandelten Zitrusfrüchten (z. B. Zitrone, Orange, Mandarine)

3 l Wasser aufkochen. In der Zwischenzeit das Trockenobst zwei- bis dreimal unter klarem Wasser abspülen. Anschließend mit den übrigen getrockneten Früchten und 3 Nelken in einen großen Topf geben. Das frisch aufgekochte Wasser angießen und die Mischung an einem kühlen Ort 24 Stunden stehen lassen.

Nach der Ziehzeit den Sud mit dem Trockenobst aufkochen und bei niedriger Temperatur 10 Minuten köcheln lassen. Parallel dazu die übrigen Nelken und den Zucker in einem zweiten Topf bei niedriger Temperatur erhitzen und den Zucker langsam schmelzen. Wenn er flüssig und hellgold ist, vorsichtig unter Rühren etwa 200 ml Wasser angießen. Weiterrühren, bis ein glatter Sirup entstanden ist und der Zucker sich aufgelöst hat. Die Mischung dann 5–10 Minuten leise köcheln lassen. Anschließend den Zimt und den Kardamom zufügen.

Wenn der Sirup beginnt einzudicken, zum Sud mit den getrockneten Früchten geben und mit dem Ingwer unterrühren. Den Punsch vom Herd nehmen und mit dem Honig süßen. Zum Anrichten heiß in Gläser abseihen und mit Scheiben von Zitrusfrüchten garniert servieren.

Der Sirup hat viele gesundheitsfördernde Eigenschaften: Er hat eine schweißtreibende und antivirale Wirkung, schützt und stärkt die Schleimhäute der Atemwege sowie die körpereigenen Abwehrkräfte.

SYROP Z KWIATÓW CZARNEGO BZU

Holunderblütensirup

Zeit: 30 Minuten
+ Ziehzeit 24 Stunden

Schwierigkeit: einfach

Typ: vegetarisch

Für etwa 4 l

2,5 kg Zucker
2 unbehandelte Zitronen
ca. 30 frische Holunderblüten

AUSSERDEM

saubere Flaschen zum Abfüllen, sterilisiert (ausgekocht)

Den Zucker in einem großen Topf (mindestens 6 l Fassungsvermögen) mit 1,5 l Wasser verrühren. Die Mischung unter Rühren bei niedriger Temperatur erhitzen, bis sich der Zucker aufgelöst hat. Das Zuckerwasser dann einmal aufkochen. Anschließend den Herd ausschalten, den Topf aber auf der Kochstelle stehen lassen. Die Zitronen heiß abwaschen, trockenreiben und die Schale dünn abschälen. Die Früchte in Scheiben schneiden und zusammen mit den Schalen ins Zuckerwasser geben. Die Holunderblüten zufügen und alles abgedeckt 24 Stunden ziehen lassen.

Nach der Ziehzeit durch ein Passiertuch (z. B. Nussmilchbeutel, Käsetuch) abseihen. Den Sirup in Flaschen abfüllen.

Den Sirup mit Wasser verdünnt als Getränk oder pur, z. B. als Topping für Desserts, servieren.

An einem dunklen, kühlen Ort aufbewahrt ist der ungeöffnete Sirup bis zu 8 Wochen haltbar. Er kann auch in Eiswürfelbehältern eingefroren werden.

Tipp: Holunderblüten werden am besten zu einem frühen Blütenstand gepflückt, d. h. wenn der Holunder noch nicht voll aufgeblüht ist. Der größte Teil der Dolde besteht dann aus kleinen Blüten, der Rest ist noch geschlossen. Zu diesem Zeitpunkt ist der Schädlingsbefall noch gering und die Dolden enthalten die meisten Öle. Die Blüten sollten morgens an einem sonnigen Tag in einem Stoffbeutel gesammelt werden. Anschließend lässt man sie 2–3 Stunden stehen, damit alle Insekten die Blüten verlassen können. Danach die Blüten leicht schütteln und die Stiele entfernen. Generell nicht verwenden sollte man Holunder, der in der Nähe von stark befahrenen Straßen wächst.

Himbeersirup schmeckt nicht nur köstlich, er ist auch sehr gesund. Die enthaltenen ätherischen Öle haben einen wärmenden und antiseptischen Effekt. Der Sirup enthält auch viel Kalium, Magnesium und Kalzium, die das Herz stärken, den Blutdruck senken und Arteriosklerose vorbeugen. Und er soll bei Nieren- und Lebererkrankungen helfen.

DOMOWY SYROP MALINOWY

Hausgemachter Himbeersirup

Zeit: 30 Minuten
+ Ziehzeit 24 Stunden

Schwierigkeit: einfach

Typ: vegetarisch

Für etwa 1,5–2 l

2 kg frische Himbeeren

1 kg Zucker

AUSSERDEM

saubere Flaschen zum Abfüllen, sterilisiert (ausgekocht)

Die Himbeeren vorsichtig waschen. In einen Topf geben und mit einer Gabel gründlich zerdrücken. Dann den Zucker zufügen und die Mischung unter ständigem Rühren bei niedriger Temperatur erhitzen, bis er sich aufgelöst hat. Aufkochen und 5–10 Minuten leise köcheln lassen. Wenn die Himbeeren wenig Saft geben, nach Bedarf etwa 100 ml Wasser angießen.

Den Sirup durch ein Passiertuch (z. B. Nussmilchbeutel, Käsetuch) abseihen. Danach in Flaschen abfüllen.

Den Sirup im Winter in Tee, im Sommer in Wasser verdünnt als Getränk oder pur als Topping für Kuchen, Desserts oder Eiscreme servieren.

An einem dunklen, kühlen Ort aufbewahrt ist der ungeöffnete Sirup mehrere Jahre haltbar.

HERBATA MYŚLIWSKA LUB HERBATA GÓRALSKA

Jägertee

Zeit: 20 Minuten

Schwierigkeit: einfach

Typ: alkoholhaltig

Für etwa 1 l

4 Teebeutel mit schwarzem Tee

½ unbehandelte Orange

400 ml trockener Rotwein

1 Zimtstange

3 Gewürznelken

30 ml 3 oder 7 Jahre alter Rum

30 ml Kirschwodka (alternativ: Kirschlikör)

80–100 g Rohrzucker

Den Tee mit 400 ml aufgekochtem Wasser aufbrühen und 4–6 Minuten ziehen lassen. Danach die Teebeutel entfernen. Die Orange heiß abwaschen, trockenreiben und die Schale dünn abschälen. Dann die Orange auspressen.

Den Tee, den Orangensaft und die -schale in einen Topf geben und langsam erhitzen. Mit dem Wein aufgießen. Die Zimtstange und die Nelken zufügen. Die Mischung unter Rühren 5–10 Minuten weiter erhitzen, aber nicht aufkochen. Den Rum und den Kirschwodka zufügen. Zuletzt mit dem Zucker süßen.

Zum Anrichten den Jägertee in Tassen oder Gläser abseihen und heiß servieren.

ŻUBRÓWKA Z SOKIEM JABŁKOWYM 1

Bisongras-Wodka mit Apfel

Zeit: 5 Minuten
Schwierigkeit: einfach
Typ: alkoholhaltig

Für 1 Glas

Eiswürfel für 1 hohes Glas
4 cl Żubrówka (polnischer Wodka aus Bisongras)
naturtrüber Apfelsaft zum Auffüllen

ZUM ANRICHTEN

1 kleiner Apfel, in dünne Scheiben geschnitten
1 Stängel frische Minze (optional)

Ein hohes Glas mit den Eiswürfeln befüllen. Den Wodka eingießen und das Glas mit Apfelsaft auffüllen. Mit einem Barlöffel vorsichtig umrühren. Den Drink mit Apfelspalten und optional Minze garnieren und servieren. (Siehe im Bild links.)

ŻUBRÓWKA Z SOKIEM JABŁKOWYM 2

Bisongras-Wodka mit Gurke

Zeit: 5 Minuten
Schwierigkeit: einfach
Typ: alkoholhaltig

Für 1 Glas

1 kleine Bio-Salatgurke
einige Eiswürfel
4 cl Żubrówka (polnischer Wodka aus Bisongras)
klarer Apfelsaft zum Auffüllen

ZUM ANRICHTEN (OPTIONAL)

1 Stängel frische Minze

Die Gurke gründlich waschen. Der Länge nach einige dünne Scheiben abziehen und in ein hohes Glas geben. Ein paar Eiswürfel zufügen. Den Wodka eingießen und das Glas mit Apfelsaft auffüllen. Den Drink optional mit Minze garnieren und servieren. (Siehe im Bild rechts.)

Dieser Shot erinnert an die polnische Flagge. Der Himbeersirup mildert den Geschmack von Wodka und Tabasco. Na zdrowie!

WÓDKA Z SOKIEM MALINOWYM I TABASCO

»Mad dog« – Wodka mit Himbeersirup und Tabasco

Zeit: 5 Minuten
Schwierigkeit: einfach
Typ: alkoholhaltig

Für 1 Glas

2,5 cl eiskalter klarer Wodka
1,5 cl dickflüssiger Himbeersirup
3–4 Spritzer Tabasco (optional)

Ein Schnapsglas (etwa 5 cl Fassungsvermögen) kurz tiefkühlen. Dann den Wodka eingießen. Den Himbeersirup langsam am Rand des Glases einfließen lassen, ohne dass sich die Zutaten vermischen. Kurz warten, damit sich die Schichten perfekt trennen. Zuletzt optional mit dem Tabasco beträufeln.

Den Drink sofort servieren.

REZEPT- UND ZUTATENREGISTER

ÜBER DEN AUTOR UND FOTOGRAFEN

Marcin Jucha entdeckte sein Interesse an der Fotografie im Alter von 15 Jahren, nachdem er erstmals ein Buch zum Thema gelesen und dann erste zaghafte Versuche mit einer 35mm-Kamera gemacht hatte. Heute arbeitet er erfolgreich als professioneller Fotograf und wurde im Jahre 2016 sogar als Foodfotograf des Jahres ausgezeichnet. Nach mehreren Jahren im Ausland ist er 2020 in seine Heimatstadt Tarnow in Polen zurückgekehrt. Natürlich war die Zeit dort nicht stehengeblieben, auch kulinarisch: Die moderne polnische Küche von heute hat viele frische und weniger fleischlastige Variationen zu bieten, die Marcin Jucha in diesem Buch präsentiert. Nicht nur die Rezepte im Buch hat er in Wort und Bild festgehalten – auch die Landschaftsaufnahmen stammen von ihm. Denn neben gutem Essen gilt seine große Leidenschaft der Natur.

IMPRESSUM

Produktmanagement: Britta Bettendorf, Stefanie Gückstock
Redaktion: Constanze Lüdicke
Korrektorat: Christiane Gsänger
Layout & Satz: Marcus Taeschner, a flock of sheep
Umschlaggestaltung: Regina Degenkolbe, Anna Katavic
Repro: LUDWIG:media
Herstellung: Anna Katavic

Printed in Türkiye by Elma Basim

Rezepte: Marcin Jucha
Einleitung: Petra Milde
Fotografie: siehe Bildnachweis

Unser komplettes Programm finden Sie unter

www.christian-verlag.de

★ ★ ★ ★ ★

Sind Sie mit diesem Titel zufrieden? Dann würden wir uns über Ihre Weiterempfehlung freuen.

Erzählen Sie es im Freundeskreis, berichten Sie Ihrem Buchhändler oder bewerten Sie bei Onlinekauf. Und wenn Sie Kritik, Korrekturen, Aktualisierungen haben, freuen wir uns über Ihre Nachricht an:

Christian Verlag
Postfach 40 02 09, D-80702 München

oder per E-Mail an
lektorat@verlagshaus.de

In diesem Buch wird aus Gründen der besseren Lesbarkeit das generische Maskulinum verwendet. Weibliche und anderweitige Geschlechteridentitäten werden dabei ausdrücklich mitgemeint, soweit es für die Aussage erforderlich ist.

Bildnachweis: Alle Bilder des Innenteils und auf dem Umschlag stammen von Marcin Jucha Photography mit Ausnahme von: S. 10, 14, 24/25, 100/101, 112/113: shutterstock.com/Dziewul; S. 11, 13: Anna Górska Umschlagrückseite: oben links: Kalter Borschtsch mit jungen Rote-Bete-Blättern (Rezept S. 30), oben rechts: Piroggen mit Sauerkraut und Shiitake-Pilzen (Rezept S. 124), unten links: Hackbällchen mit Kohl in Tomatensauce (Rezept S. 114), unten rechts: Krapfen oder »Engelsflügel« (Rezept S. 148)

Die Deutsche Nationalbibliothek verzeichnet diese Publikation in der Deutschen Nationalbibliografie; detaillierte bibliografische Daten sind im Internet über http://dnb.d-nb.de abrufbar.

ISBN 978-3-95961-546-4

Ebenfalls erhältlich ...

ISBN 978-3-95961-507-5

ISBN 978-3-95961-360-6

ISBN 978-3-95961-247-0

ISBN 978-3-95961-242-5

CHRISTIAN

www.christian-verlag.de